西部警察 PERSONAL 4
寺尾聰 AKIRA TERAO
THE HERO OF SEIBUKEISATSU

RIKI MATSUDA
POLICE ACTION

BEST SHOT

松田猛

西部警察署刑事

警視庁狙撃犯あがりの拳銃の名手で、大門軍団では団長の次に腕が立つ。メカニズムに強く勤勉一筋の刑事。常に沈着冷静で軍団の中で際立ってダンディだが、その気性はハト、タツ、オキ以上に荒々しく、徹底して悪を憎む。

企画時の脚本には、松田刑事のニックネームは「タケ」とあった。「猛」のタケをとってつけたが、寺尾聰は自らのニックネームを「リキ」と提案し、渡辺拓也監督、石野憲助プロデューサーの承認を得て愛称を勝ち取ったいきさつがある。これによってハードボイルドで孤高の戦士が誕生し、一躍人気スターに躍り出た。

COOL GUY

黒豹 RUNS

BA
スナック
桂
日本盛

KING RIKI

1979年10月14日 西部警察PART-Iスタート

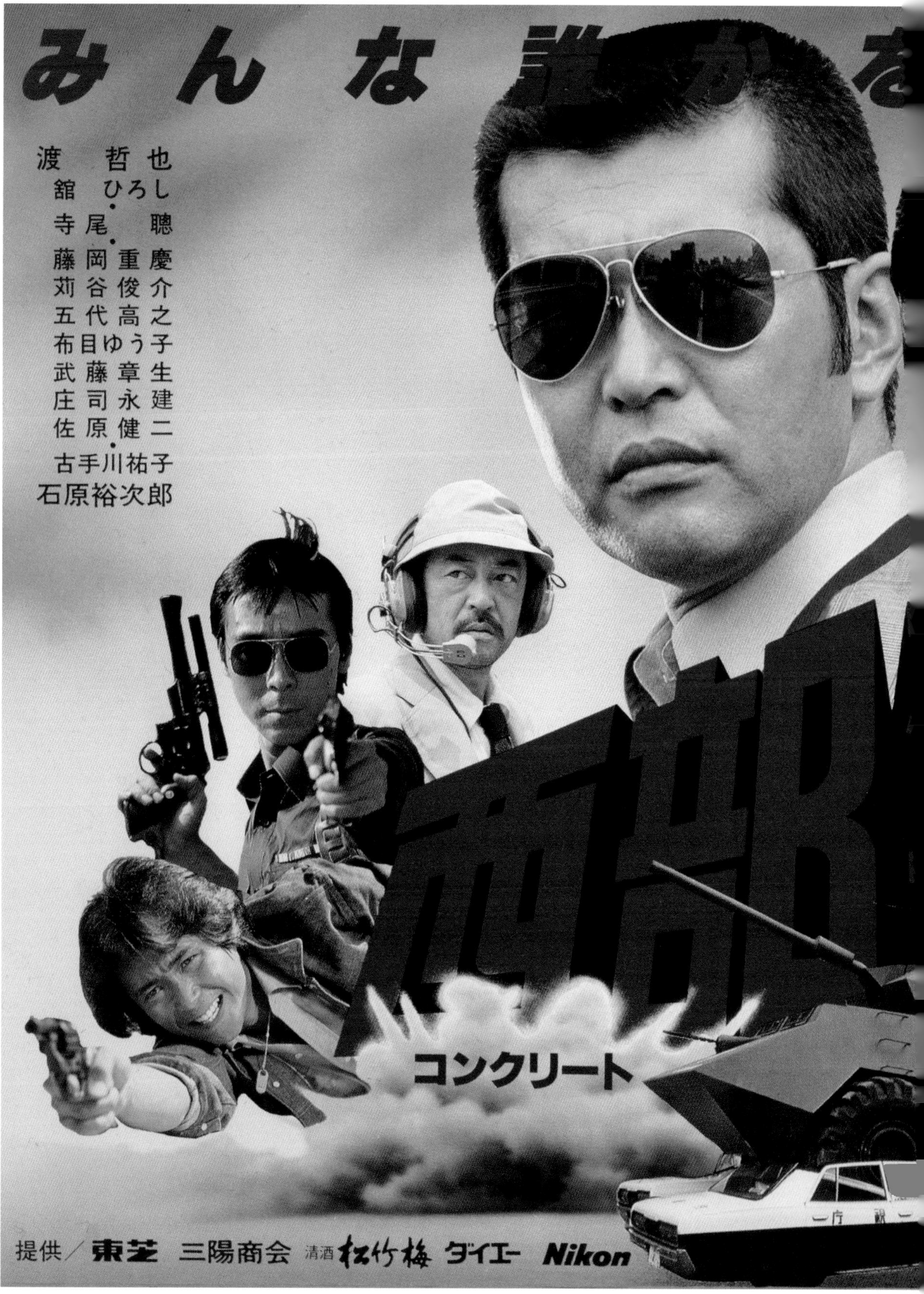
みんな
渡 哲也
舘 ひろし
寺尾 聰
藤岡重慶
苅谷俊介
五代高之
布目ゆう子
武藤章生
庄司永建
佐原健二
古手川祐子
石原裕次郎
コンクリート
提供／東芝 三陽商会 清酒 松竹梅 ダイエー Nikon

PRIDE
DAIMON GUNDAN

LADY BIRD

警視庁西部警察署

右ページ上（左より）
藤岡重慶
（谷大作・愛称谷さん、おやっさん　西部警察署刑事）
御木裕
（北条卓・愛称ジョー　西部警察署刑事）
渡哲也
（大門圭介・西部警察署部長刑事）
寺尾聰
（松田猛・愛称リキ　西部警察署刑事）
石原裕次郎
（木暮謙三　西部警察署捜査課長）
苅谷俊介
（源田浩史・愛称ゲン、ゲン兄ィ　西部警察署刑事）
加納竜
（桐生一馬・愛称リュウ　西部警察署刑事）
右ページ下（右から2人目）
峰竜太
（平尾一兵・愛称イッペイ　西部警察署刑事）
上（右）
五代高之
（兼子仁・愛称ジン　西部警察署刑事）

IDENTITY

左から2人目
舘ひろし
（巽総太郎・愛称タツ　西部警察署刑事）

右から3人目
庄司永建
（二宮武士　西部警察署捜査係長）

右
布目ゆう子
（沢井礼子　事務員）

4WD
NISSAN SAFARI

LADY BIRD

テレビ朝日
ヨーロッパ 現代絵画展
LADY BIRD

特別機動車輌隊発表会

石原プロモーション

体健全祈願

製作発表

石原プロ出張宴会

RELAX

『シャドー・シティ』『出航』そして『ルビーの指環』

RIKI's CAR

MACHINE X

マシンX

日本の映画とテレビドラマにおいて、オーダーメイドの特性車両、犯罪捜査専用スペシャルカーとしては初の存在となったマシンX。桐生刑事に続いてマシンXのステアリングを握ったのがリキこと松田刑事だ。マシンX初運転の際には、その圧倒的スピードとパワーに感嘆した。またリキはマシンXのコンピューター機能をフル活用して事件解決に力を注いだ。

97-35

リキ愛用の44マグナムは、刑事映画の名作『ダーティハリー』(1971年)で、クリント・イーストウッドが演じたハリー・キャラハンが使用して有名となった「世界最強」の拳銃である。この銃を選ぶにあたって寺尾は、その銃身の長さが気に入って手にしたという。何よりも8インチという長さの銃身がこだわりを美学とする寺尾のハートをつかんだ。
三浦友和演じるオキや、柴俊夫演じる大将も「S&W M29」を使用したが銃身は短い6.5インチだった。

S&W M29 8.3/8inch MAGNUM

S & W M29 8.3/8 インチ 44 マグナム

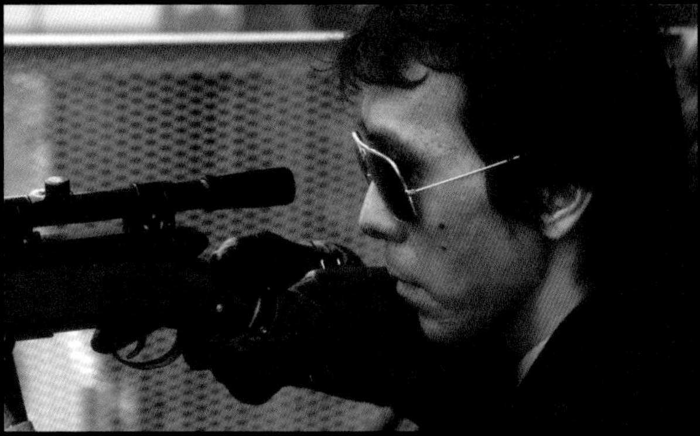

ハト、団長なども使用していたライフル銃である。『西部警察 PART-Ⅰ』第14話で、リキの優れたガンテクニックを見込まれ、大門団長から殺し屋に扮しておとり捜査を命じられたリキ。そのとき、後に西部署で採用されることになったモーゼル98Kスポーターを使用した。

Mauser 98K Sporter

モーゼル（マウザー）98K スポーター

RIKI's GUN

FINAL
燃え尽きる

RIKI FOREVER

アンコール
特別企画

寺尾聰
Q&Aインタビュー

読者が直撃!

「アイドル百科
リキ刑事 寺尾聰のすべて」
月刊「ザ・ベスト・ワン」
1980年7月発売 学習研究社刊

読者からのQ&A

リキによせられた投書がもう編集部に山積みだ。一通一通に目を通し、じっくりと答えてくれたゾ。さあ、リキに大接近!

Q 「西部警察」のほかにどんなドラマに出てるのですか? また「西部警察」はいつまで続くんですか?

（大阪・エミリー・チャゲ吉・中2）

A いまのところ、8月いっぱいまでは確実に「西部警察」にはでるよ。その後の予定は、まだ未定なんだ…。この秋ごろ、レコーディングでもしようかと思ってるけど…。

Q どうして〝リキ〟とよばれるんですか? リキは「西部警察」で何番めにもてるんですか?

（兵庫・松山潤子・中2ほか）

A ほんとは松田猛だから〝タケ〟にしようと思ったの。でも〝タツ〟がいたから間違えやすい。そんな時に、たまたま照明の人に子供が生まれ〝リキオ〟と名前をつけたときいたんで〝リキ〟を拝借したの。モテる順番は…弱ったナ。舘（殉職）、渡さん、五代くん、ボクかなァ（ニガ笑い）。

Q 番組で使用している銃はどんな種類ですか? それは自分で選んだのですか?

（千葉・ガンマニア・高1ほか）

A SW（スミスアンドウェッソン）44マグナム・銃身8インチ。オートマチックじゃなくてリボルバーのヤツ。とにかく使いにくい。それはね、番組の始まる前に、出演者が勝手に自分の銃を選んでいいことになったんだ。その時に、遅れていったボクには、いちばん使いにくいのしか残されていなかったってわけ（ペロッと下を出す）。

Q いつも着てるコートは自分のものですか? サングラスはいくらぐらいのものですか?

（香川・ともこ・高1ほか）

A コートはバーバリーのトレンチだけど、アクションが激しいだろ。だからすぐ破れちゃう……数着、テレビ用として買ってあるんだ。サングラスは八千円。渋谷で10軒ぐらい店を回ったけど気に入ったのがなくて、最後に東急デパートで見つけた。これはひとつしかもってない。ほかにもブーツも月一、二足ぐらい用意しないともたないんだぜ。

Q いつもしているペンダントは、どこで買ったんですか? また、文字はほってありますか?

（滋賀・聡の妻・中3ほか）

A 2年前、タイのバンコクの露店で買った金製なんだけど、いくらだったかなァ。イタリア語で〝あしたのことはあしたの希望でたちむかおう〟ってほってあるヨ。

Q 〝西部警察〟のラストシーンでみんなで楽しそうに歩いているとき、何を話しているのですか?

（奈良・テラオアキコ・中1ほか）

A あのシーンはセリフがはいらないから、みんな勝手なことをいってるんだ。〝ビールでも飲みたいな〟とか、〝ステーキ食いたいよォ〟とかね。渡さんも、そんな話題にはすぐノッテくるんだぜ（ニヤリと笑う）。

Q ファンレターのあて先は? ファンクラブはありますか?

（埼玉・みつこ・中1ほか多数）

A ファンクラブはないんだ。レターは、石原プロモーション・芸能部あてで送ってね！

Q 共演している渡哲也さんと石原裕次郎さんについて一言。

（栃木・聡美・中3ほか）

A 石原さんは役者としてボクを育ててくれた親がわりの人。また、渡さんはね、同じプロダクションで、なんとなく四年間も、互いにウサンクサイ目で見合って口もきかなかったんだ。だけど、ある時、マージャンのメンバーがたりなくて誘われて話し合ってみると、とても信頼できる〝兄貴〟だということがわかってね。今では、サイコーに頼りにしている……。

Q 〝ザ・サベージ〟について。メンバーはだれで、どんな曲を作っていましたか？

（大阪・片山奈緒美ほか）

A リーダーがボクで、ベースギター。渡辺純一がドラム、林謙吉がリードギター。奥島吉雄はいまヤマハでレコーディング・ディレクターをしてる。このうち、渡辺君は三年前、ゼンソクで亡くなっちゃってね。サベージとしての代表作は〝いつまでもいつまでも〟と、〝この手のひらに愛を〟かな。どちらも日本のフォークソングのハシリで歌いやすい曲だよ。いまでもよく家で口ずさんでるんだ。

Q 愛用のギターは何ですか？　今も作曲はしているのですか？

（神奈川・山本光司・中3ほか）

A エレキギターではフェンダーのジャズベース。ふつうのギターはオベーションとフェンダーのジャガー。ジャガーはボクが買ったころは15万円くらいだったけど、今では40万円のプレミアがついている貴重品。作曲は俳優の古谷一行さんの曲なんか手がけてるよ。

Q ファンレターはいっぱいくると思うけど、みんな読んでますか？　返事は書いてるんですか？

（愛知・ミユキ・中2ほか）

A もちろん、100パーセント読んでるよ。特に寝る前なんかジックリ読むんだ。あのね、いつの間にか窓の外が明るくなって夜が明けてた、なんてこともあった。返事？　一週間に500通ぐらいのファンレターにボクが返事を書いていると、仕事の時間がなくなっちゃう。だから、ボクの写真にサインして、送ろうかナ、なんて考えてるんだ（やさしい目！）。

Q スゴイ人気ですが、今、どんな気持ちですか？　率直なところを教えて！

（東京・中西恵子・中3ほか）

A 正直いって、すごくうれしいよ。10年前のサベージがひとつのボクの人気のヤマで、この時は同世代の人たちが支持してくれた。そしていまはキミたちのような若い子がボクを支えてくれている。

タレントとしては、この二つの世代に支えられたということはすごく大事なことだと思うし、ボクも、その期待に応えなければ、と力づけられているんだ。

Q　私生活について。休みの日は、どんなカッコウでなにをしていますか？

（大阪・伊勢久美子・中2ほか）

A　もうこれはワンパターンの生活なんだ。つまりブルージーンに白のTシャツで、ゴロ寝しながらレコード聴いてるか、本読んでる。その間、ボクはやたらフロが好きで、夏なんか一日に七、八回はいるというのが、ヒト様とちがってるところかな。

Q　子供のころは、どんな子でしたか？また得意科目はナ〜ニ？

（北海道・寿子・中1ほか）

A　次のページでもわかるとおり、正直いってワンパクの悪ガキでありましたな。好きな科目は歴史と英語。きれいなのは物理と科学。文化系は強いみたいだナ（鼻の頭をこする）。

Q　食べ物、色での好ききらいはありますか？

（愛媛・ゆかり・中2ほか）

A　イチゴ、モヤシ、生野菜がやたら好きで、ダメなのはレバーとか肉の脂身。色ではコーヒーブラウンを基調にした茶系統と、紺や白。紫やグリーンはあまり似合わないから好きじゃないなァ。

Q　好きな歌手、愛用のタバコなどについて教えて！

（大阪・西田豊子・中3ほか）

A　歌手ではカナダのジノ・バレリー。こづかいはすべてそのレコードにつぎこんでるよ。タバコは、18歳の時からすってるけど、ハイライトかロマンス。1日4箱ぐらいすってる。

Q　クセがあったら教えて。また、動物は何が好き？

（東京・聡の恋人・中3ほか）

A　ボクは知らないんだけど、寝言いうクセがあるらしい。この間、イチゴ畑でミルクの雨が降ってる夢をみた。起きて、同室のスタッフにきいたら、なぜかしきりに「チクショー」とか「クヤシイ！」っていってたんだってさ。動物はタコ以外みんな好きだよ。今はペキニーズ六匹も飼ってるんだ。

Q　私生活でも松田刑事のようにボソボソと話すのですか？

（茨城・智恵子・中2ほか）

A　どちらかといえば陽気で話好きだから、ハッキリしゃべってると思うけどなァ（首をかしげる）。

Q　結婚しているのですか？　あるいは恋人はいますか？

（東京・皆川道代・小6ほか多数）

A　キツイこときくなァ。かつては結婚しておりました（注・タレントの范文雀）。もっか恋人は〝募集中〟というところです。でも、できれば芸能界の人じゃないほうがいいのかもしれないと思っております。

Q　大事な宝物はなんですか。

（京都・MK・中1ほか）

A　大変、本質的な質問だね。「今の生活」が宝物だと思う。この人気が単に一時的な反応なのかどうか、ちょっと気になるけどね。

Q　好きなことば、信条にしていることは？

（兵庫・岩井節子・中2ほか）

A　好きなことばは「信義」「優しさ」。どんな時でもかばいあうことや、ふとしたことで思いやることが絶対大事だと思う。人はけっしてひとりだけで生きているわけじゃないんだからネ……（マジメに）。

（1980年7月発売月刊「ザ・ベスト・ワン」のアイドル百科リキ刑事寺尾聰のすべて）を再録

掲載にあたって、協力をいただきました株式会社学習研究社様、また再掲載の了解をいただきました寺尾聰様に深く感謝いたします。ありがとうございました。

Profile

てらお・あきら

1947年5月18日生まれ。神奈川県出身。俳優宇野重吉の長男。1965年、カレッジ・フォーク・グループ「ザ・サベージ」を結成。1966年「いつまでもいつまでも」でレコードデビュー。1968年、石原裕次郎主演の映画『黒部の太陽』で映画デビュー、石原プロに所属、本格的に俳優の道をめざす。テレビドラマでは「大都会」「西部警察」で活躍。1981年「ルビーの指環」が大ヒットして第2回日本レコード大賞受賞。石原プロ退所後独立、1980年代後半から黒澤明監督の映画に続けて出演するなど第一線で活躍し、数々の映画大賞を受賞。日本を代表するスター俳優である。

日曜日夜8時の国民的人気ドラマ『西部警察』 PART-Ⅰ

松田猛×寺尾聰 クール&パワフル お蔵出し秘蔵フォト！

1979年10月14日
−1982年4月18日

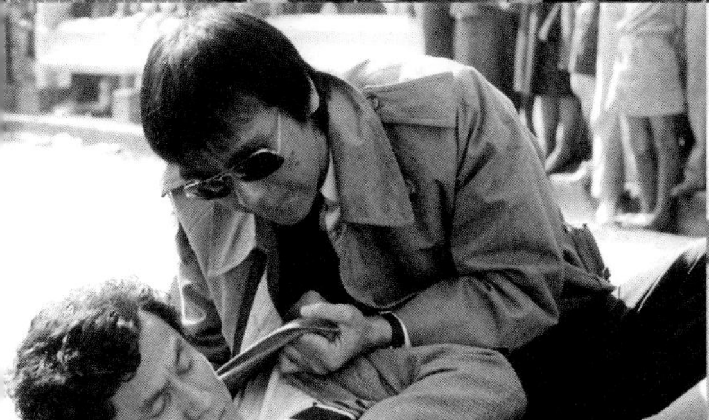

品川58
68-12

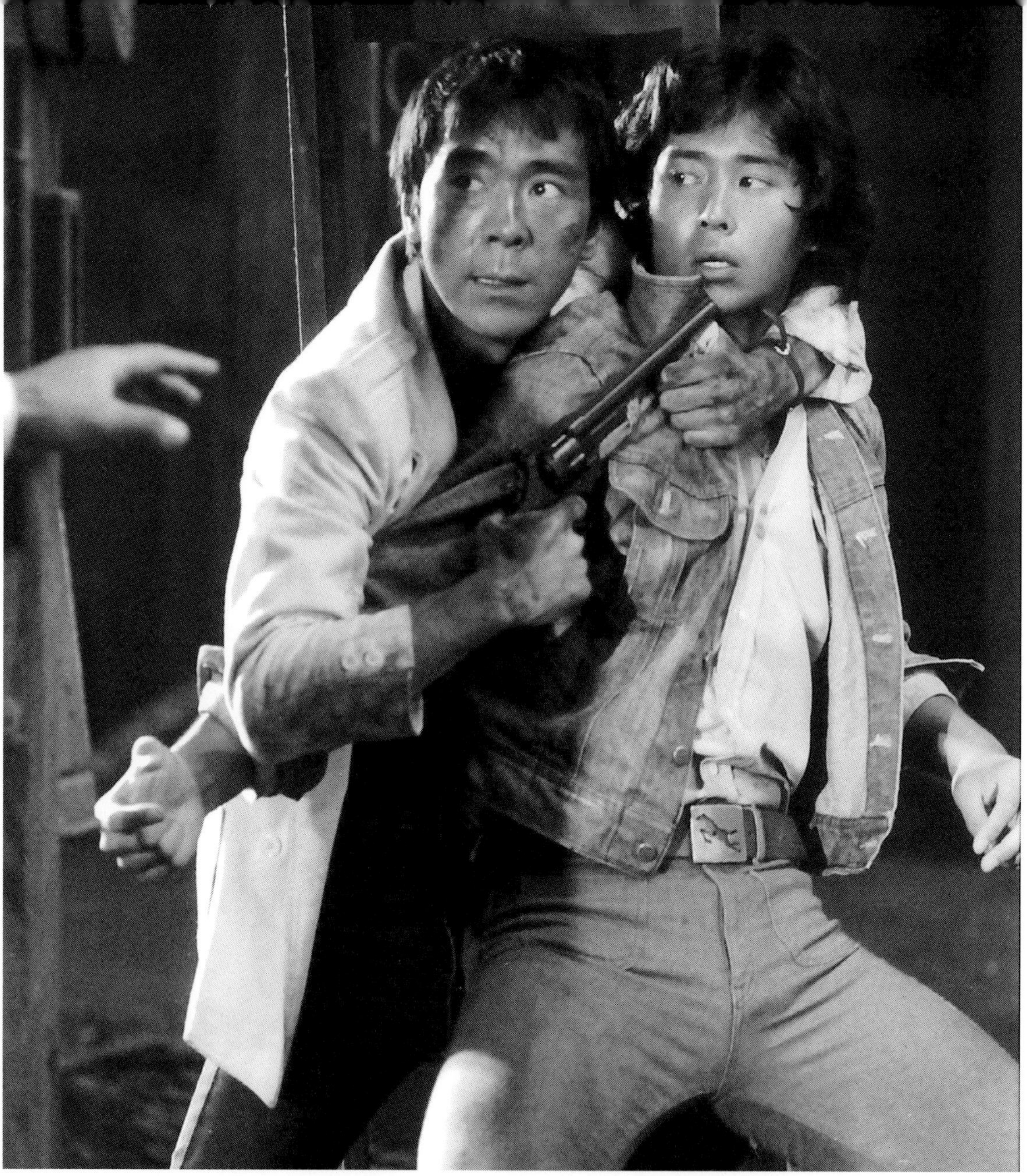

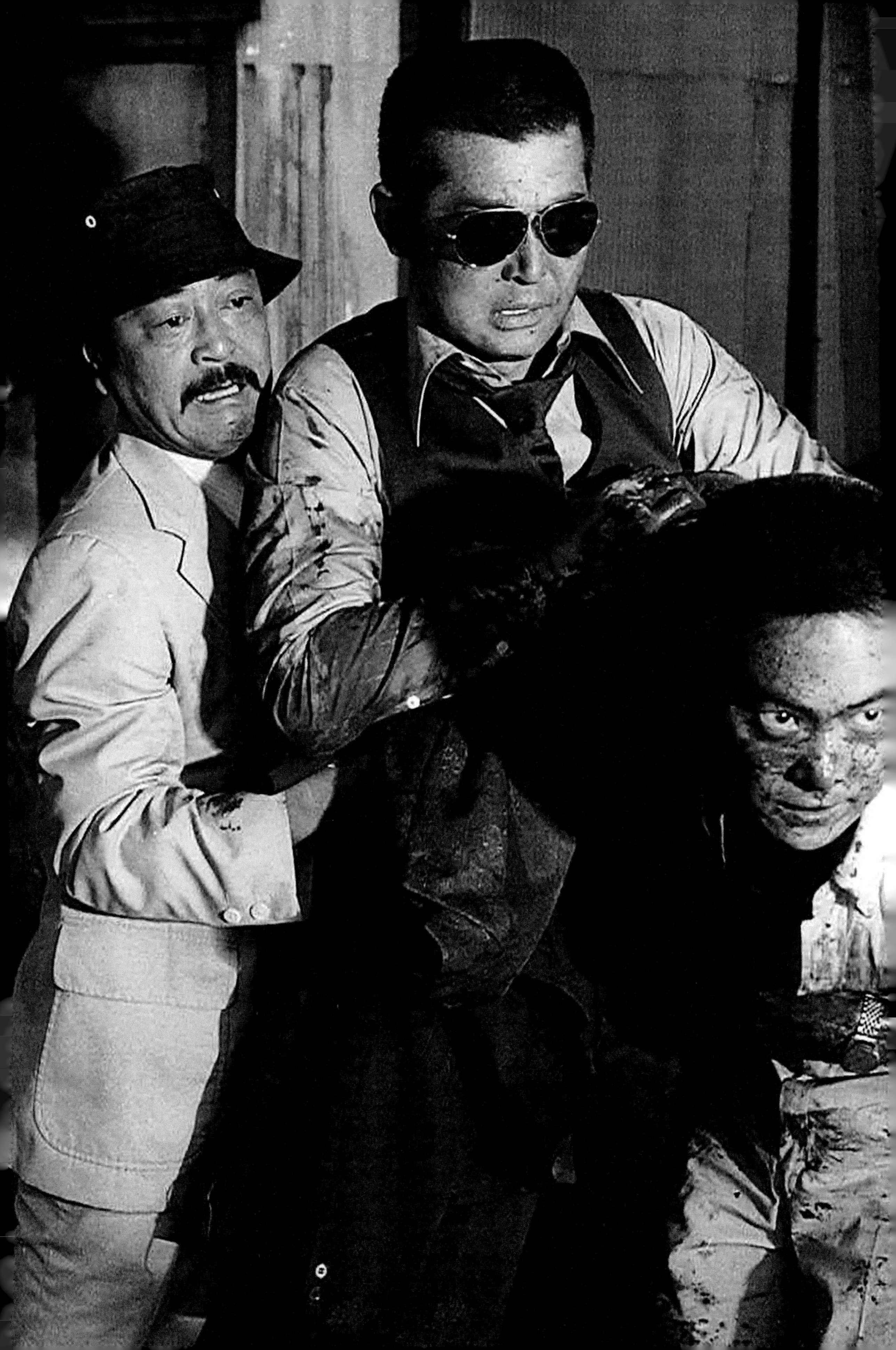

品川33

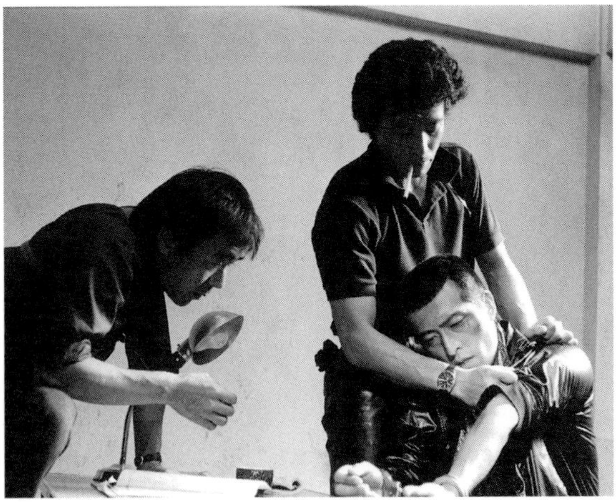

4WD
SAFAR

番組人気とともに寺尾聰人気もヒートUP！ 石原プロを去ってなお、切れることのなかった石原裕次郎、渡哲也との固い絆

"第1話には戦車が出る！"――当時の少年少女視聴者の大半がそう思って、1979年10月14日、日曜夜8時にテレビ朝日系にチャンネルを合わせた。実際に登場したのは戦車ではなく装甲車だったが、それでも精巧に作られた実車の登場はインパクト絶大で、"『大都会PART Ⅲ』よりすごい！"と、観た誰もが思った。

同時に我々リアルタイム視聴者は、"あれ？ジロー？あれ？弁慶？"とも思った。寺尾聰演じるリキこと松田猛刑事、苅谷俊介演じるゲンこと源田浩史刑事のキャラクターがあまりにも『大都会PART Ⅲ』のジローと弁慶、まんまだったからだ。石原裕次郎（木暮謙三役）と渡哲也（大門圭介役）がまんまなのは予想できたが、さすがにこの二人までもが全く同じ方向性のキャラとして続投するとまでは思っていなかった。もちろん視聴者的にはウェルカム。さらに舘ひろし（タツこと巽総太郎刑事役）、五代高之（ジンこと兼子仁刑事役）らニュー・フェイス、「だ〜いもん、くぅ〜〜ん！」の名調子が忘れられない庄司永建（二宮武士係長役）、アクティヴなおやっさんキャラの藤岡重慶（谷大作刑事役）、そして『大都会PART Ⅱ』（'77年）以来の復活となる"妹キャラ"大門明子役・古手川祐子の可憐さ。石原プロファン的には、それまで記者役で準レギュラー登場していた武藤章生が国立六三鑑識員役でレギュラー入りして喜び、それら"新しい風"により『大都会』シリーズとはまた違う、よりスケールUPした手応えを感じさせてくれた。面白いのは、のっけから装甲車が登場したり、ラストの銃撃戦は毎回の恒例になったりと、ある意味、荒唐無稽さやアクションの派手さは『大都会PART Ⅲ』以上であるにも拘らず、"家族で観られる番組"となっていた点。代わりにカーチェイスや空撮等のマシン・メカニックを多用したシーンが増えて行く。これには放送局が日本テレビからテレビ朝日に移ったことが大きい。日本テレビのプロデューサー・山口剛は、徹底したバイオレンス志向。必然、流血や暴力描写が多かったが、テレビ朝日の高橋正樹プロデューサーは、外国テレビドラマ的な陽性の世界観やポジティヴな人間ドラマを嗜好するタイプ。『西部警察』担当時は、テレビ朝日の二本柱とまで言われた『特捜最前線』（'77年）のプロデューサーも兼任（といっても放送は『特捜』の方が先）し、"『太陽にほえろ！』（'72年）や『GMEN'75』（'75年）とは違う刑事ドラマを創る！"という信念を胸に番組作りにあたっていた。そのため、特に『西部警察』ではメカニック的なアクションや爆破に力が注がれ、それが『大都会』シリーズを観ていた層より下の小中学生にまでアピール。番組の普遍性・一般性を呼び、幅広い視聴者層を獲得。大ヒットに結実したのだ。なんといっても劇中車輌がバンバン、プラモデル化されたり電子ゲームになった刑事ドラマは『西部警察』（と、続シリーズ的な『ゴリラ 警視庁捜査第8班』［'89年］）ぐらいなものだろう。世界でも類を見ない刑事ドラマといえよう。

そんななかにあって、寺尾演じるリキはジローからダーティーなイメージを払拭。都会的でファッショナブルな陽性のキャラが強調され、より女性人気を獲得することに。同時に苅谷演じるゲンも、直情径行でカッとなりやすく女性に弱いキャラクターは弁慶まんまだったが、同様にオシャレで都会的になり人気はUPした。『西部警察』人気とともに寺尾人気もぐんぐん上昇。彼本来の芸能活動の原点であり、嗜好する音楽活動も活発化していった。その頂点が寺尾の代表曲「ルビーの指環」だろう。『西部警察』人気絶頂のさなかに発表されたこの曲は特大ヒット。'81年の第23回レコード大賞受賞、『第32回NHK紅白歌合戦』にも出場した。TBS系の人気歌番組『ザ・ベストテン』（'78年）では12週連続第1位という前人未踏の記録を更新・樹立。何より『ザ・ベストテン』では、ランキング曲をアーティストが生中継で歌う趣向があり、寺尾もなんと！調布・日活スタジオの『西部警察』撮影現場から生中継、生弾き語りで歌うことが何回かあった。他局の人気番組の撮影現場から生中継など、当時としても前代未聞。それほど『西部警察』人気も寺尾（「ルビーの指環」）人気もすごかったという立派な証（あかし）だろう。だが、どんな大ヒット番組でもシリーズを継続させるためにはリニューアルが必要。

それも、ピークの時点で実践していかなければならない。長期シリーズをいったん完結させるためには、製作サイドはもちろん視聴者も納得させる、よほどの"説得力"を要される。

結果"リキの殉職"という形で寺尾は番組と石原プロを卒業。先述の高橋プロデューサーは『太陽にほえろ！』と変える意味でも、『西部』『特捜』両番組でのレギュラー刑事の殉職を極力禁じていた。その禁を破り、事実上『西部警察PART－Ⅰ』のラストを締め括ったのが"リキの殉職"だった。『西部警察』シリーズは大門団長の殉職をもって幕を閉じたが、『西部警察 PART－Ⅰ』はリキの死をもって終わった。刻《とき》は流れ、10年後、石原プロ製作のスペシャルドラマ『生命燃ゆ』（'92年）で寺尾は渡と再会。裕次郎は既にこの世を去っていたが、裕次郎、渡、寺尾の絆は途切れることなく続いていたことが証明された。

（岩佐陽一）

名作プレイバック

石原プロ製作第1回テレビ作品 大都会PARTⅢ（日本テレビ系）

最終回

寺尾聰

44マグナム 黒岩軍団のエースとして

牧野次郎［通称・ジロー／城西署捜査一課刑事］

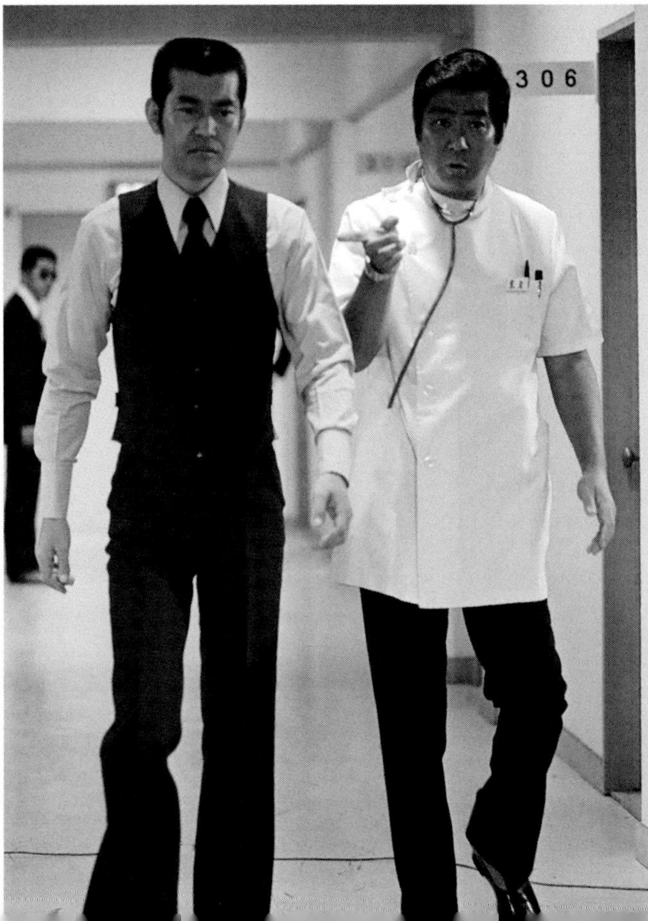

石原裕次郎

外科医・宗方悟郎

×

渡哲也

刑事・黒岩頼介

視

光線治療室

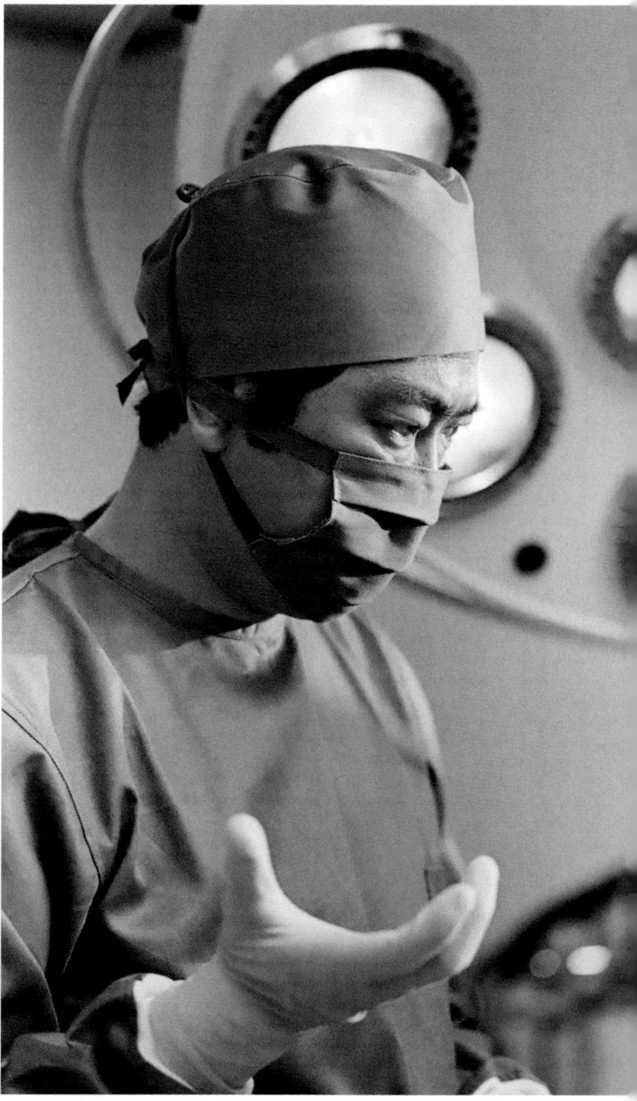

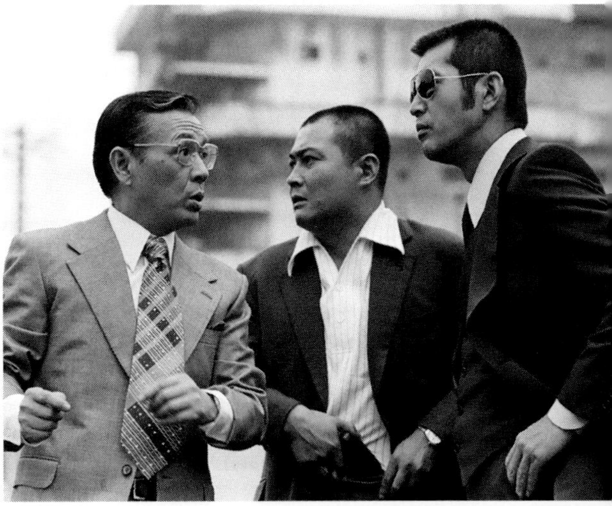

宗方悟郎
［渋谷病院勤務外科医］
石原裕次郎

黒岩頼介
［通称・クロ／城西署捜査一課部長刑事］
渡哲也

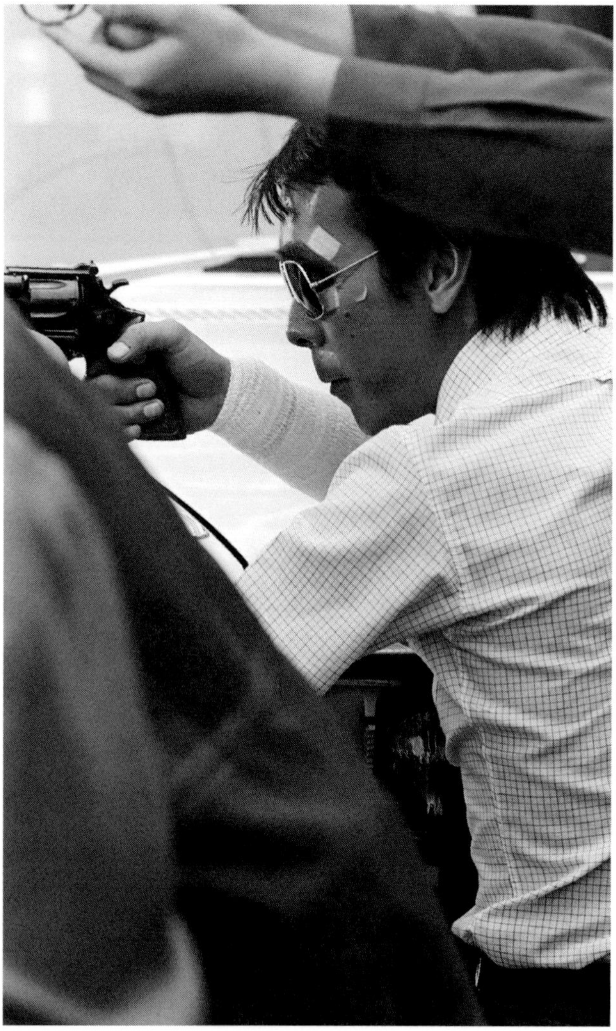

上条 巌《いわお》
[通称・サル／城西署捜査一課刑事]
峰 竜太

丸山米三《よねぞう》
[通称・マルさん／城西署捜査一課刑事]
高品 格

宮本兵助《ひょうすけ》
[通称・弁慶／城西署捜査一課刑事]
苅谷俊介

虎田 功《いさお》
[通称・トラ／城西署捜査一課刑事]
星 正人

大内 正
[通称・坊主／城西署捜査一課刑事]
小野武彦

戸倉綾子
[東都日報記者]
金沢 碧

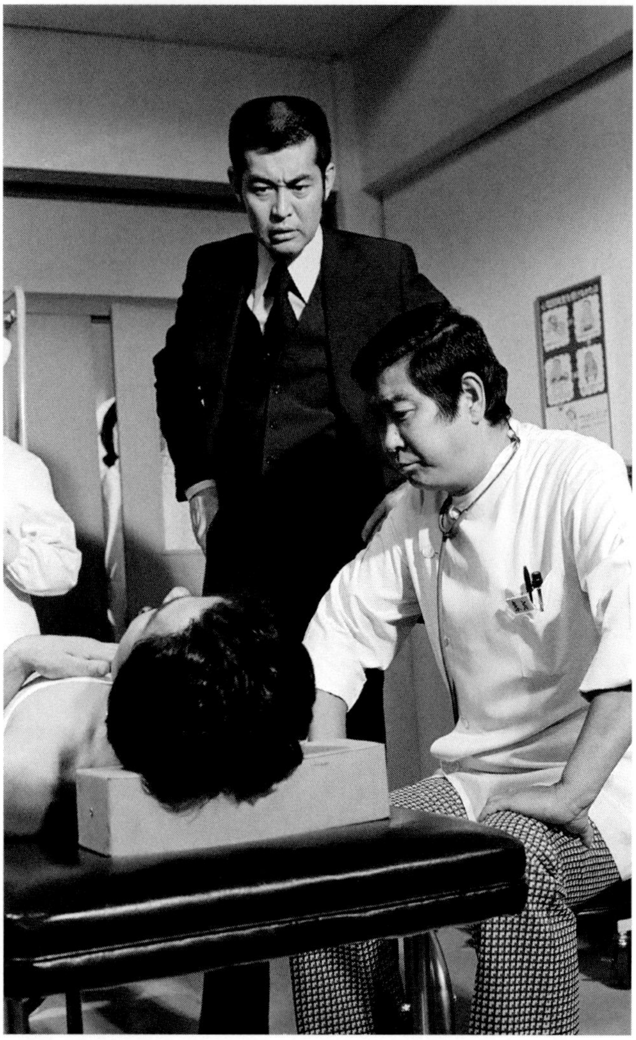

加川乙吉《おときち》
［西署捜査一課課長］
高城淳一

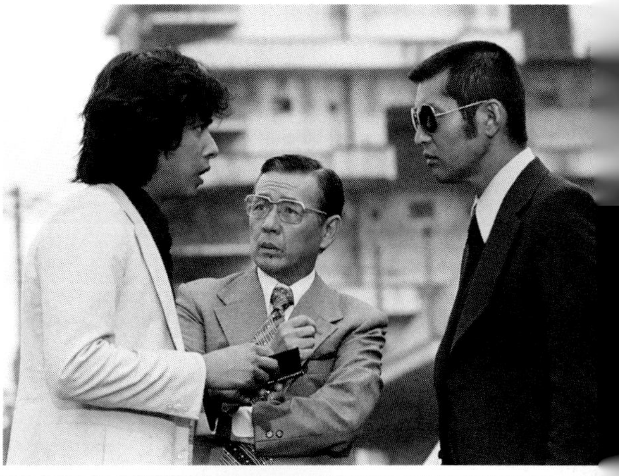

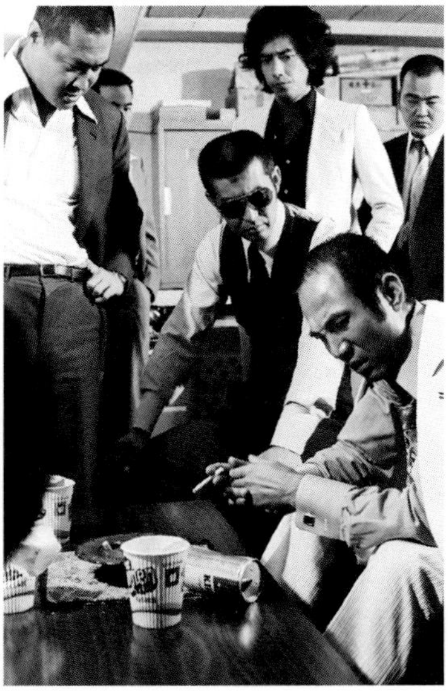

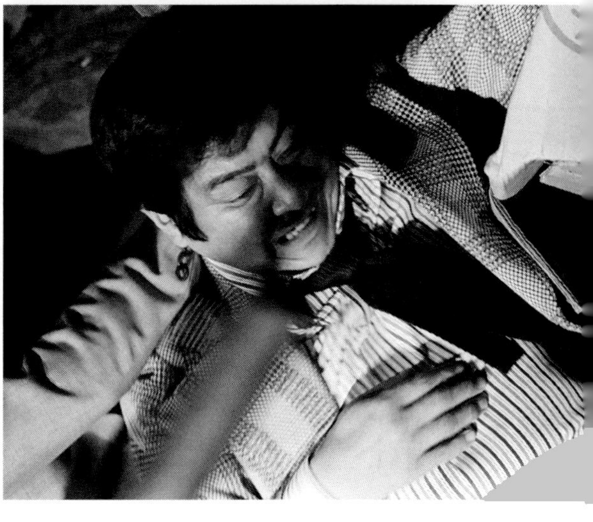

俳優・寺尾聰の魅力が爆発した『大都会 PARTⅢ』 同時に番組人気も大爆発！シリーズ最高の視聴率を獲得し、有終の美を飾る

『大都会ＰＡＲＴⅢ』は１９７８年10月３日から翌'79年９月11日まで約１年間、全49回にわたり、日本テレビ系で放送された。その第1話「帰って来た黒岩軍団」を観た当時の視聴者は皆、一様に愕然とした。のっけから25台強（30台以上という説も）の白＆黒＆ジープ・パトカーが画面の向こうから疾走し、そのすれすれの上空をヘリコプターが飛ぶ……そんな光景はそれまで外国映画か外国テレビドラマでしかお目にかかったことがなかったからだ。

そこで『大都会ＰＡＲＴⅢ』のタイトル・ロゴがバン！と画面中央に浮かぶ。今度は、飛ぶヘリの下で大爆発！ここまでのわずか数分で我々視聴者は『大都会ＰＡＲＴⅢ』が前『ＰＡＲＴⅡ』を遥かに凌《しの》ぐアクション巨編になることを否が応にも思い知らされた。

荒川達彦による名オープニング・テーマが流れ、渡哲也演じるクロこと黒岩頼介が画面に向かって発砲。続いてクリント・イーストウッド主演で大ヒットした映画『ダーティハリー』（'71年）で一躍有名になった名銃・Ｓ＆ＷＭ29（通称44マグナム）を右手に、クロ同様レイバンのサングラスの下から覗く口元にうっすら笑みを浮かべ、やはり発砲する人物に〝寺尾聰〟の名前がクレジットされる。もうひとりの新メンバー、星正人演じるトラこと虎田功が登場。星正人が『大都会ＰＡＲＴⅡ』における、松田優作演じるトクこと徳吉功の後継者であることを直感。

以後、小野武彦（坊ズこと大内正）、峰竜太（サルこと上条巌）、苅谷俊介（弁慶こと宮本兵助）、高品格（マルさんこと丸山米三）ら『ＰＡＲＴⅡ』でもお馴染みの顔ぶれが登場。やはり本作が『大都会ＰＡＲＴⅡ』の流れを汲む作品である事実を再認識しつつ、よりスケールＵＰされたことを視覚に叩き付けられた。名匠・村川透監督が撮影・編集したこの名オープニングは、冒頭のパトカー軍団＆ヘリのカットを横浜市青葉区のあざみ野で、中盤以降～トンネルが登場するラストカットまでを都内六本木で撮影。もう二度と同じ場所で同じことはできないだろう。

そうして本編のドラマを観始めた視聴者は、寺尾聰演じるジローが、前作のトクとはひと味もふた味も違うナンバー2キャラであることを知ると同時に、寺尾が〝あの〟寺尾聰である事実を知り二度びっくりした。

〝あの〟とは『大都会―闘いの日々―』（'76年）で、石原裕次郎演じるバクこと滝川竜太の後輩で東洋新聞社会部記者・日高明役を演じた〟寺尾だ。そこにはもう、少々頼りないがいかにも人が好さ気な日高記者の面影はまるでなかった。ファッションも完全に垢抜けている、どころか実にオシャレだ。後に我々ファンは、それが寺尾本来の持ち味であることを知って三たび驚いた。

当時、寺尾は岡崎友紀・石立鉄男のＷ主演で大ヒットした大映ドラマ『おくさまは18歳』（'70年）で、気弱で線の細い教師・海沼役を演じ、お茶の間の人気者となっていた。『闘いの日々』の日高はそのイメージを踏襲していた。「ところがね、寺尾聰はじつは滅茶苦茶運動神経がいい。アクションができる。それに歌もうまいし、オシャレ。そのことに気づいたんで、『ＰＡＲＴⅢ』からはガラッとイメージを変えたの」と後年、石野憲助プロデューサーが語ったように、寺尾本来の魅力にフィーチャーした結果、ジローは初の当たり役となった。それが後の『西部警察』（'79年）で寺尾が演じたリキ（松田猛刑事）役での大ブレイクや、彼が歌った名曲「ルビーの指環」の特大ヒットに繋がって行くこととなる。

ジロー及び『西部警察』のリキのトレード・マークとなる44マグナムは、美術（持ち道具）部が用意した数あるモデルガンの中から寺尾自ら選んだ。

神田正輝の証言によると『大都会ＰＡＲＴⅢ』放送当時、寺尾はいつも神田とつるんでいた。第1作『闘いの日々』で初共演した二人だが、『ＰＡＲＴⅡ』は神田だけ、『Ⅲ』では寺尾のみの出演となった。同じ事務所の先輩後輩ということもあり、プライベートでの交流は継続。仕事終わりに待ち合わせ、よく銀座や渋谷のレコード店を廻り、主に洋楽の輸入盤を大量に買い込んでは、寺尾の部屋で酒飲しつつ〝戦利品〟の成果を堪能したという。その際、寺尾が「こんなメロディを考えたんだけど？」と言って、ギターで弾き語りを聞かされ、感想を求められたとか。

二人でさんざん呑んだところで、裕次郎からの誘いを受けて石原邸に行き、まき子夫人の手料理と裕次郎自慢のブランデーを振る舞われ、興が乗った裕次郎が持ち歌をその場で歌い出す……まではよかったが、気づけば寺尾も神田も爆睡。

ようやく目を覚ました二人に、裕次郎が「この野郎、人の歌を子守唄代わりにしやがって！」と告げた話は有名だ。だが、二人を起こさずそのまま寝かせておいたところに裕次郎の深い〝愛〟を感じる。そんなプライベートでの充実ぶりが番組やキャラクターにも反映され、本来ならトクの後継者たるトラに人気が集中するであろうところを、ジローが一番人気となった（もちろんトラ人気もあったが）。その人気と勢いをまま引っ張る形で『西部警察』がスタート。黒岩軍団から大門軍団、そして石原軍団へ――文字通り人気が駆け上がった石原プロモーションは全盛期を迎えることに。『大都会ＰＡＲＴⅢ』は、石原プロにとっても寺尾聰にとっても〝一大転機〟となったモニュメントだった。

（岩佐陽一）

スペシャル2TOP インタビュー

リキ（寺尾聰）のこと、『西部警察』のこと、裕次郎さんと勝新さんのこと、渡さんと優作さんのこと……今こそみんなお話ししましょう

岩崎 純

『大都会』シリーズ／『西部警察』シリーズ
監督・プロデューサー

峯尾基三

『大都会』／『西部警察』
両シリーズ脚本

『大都会PARTⅡ』（'77年）最終回で監督を、『西部警察PART-Ⅲ』（'83年）のスペシャル「燃える勇者たち」、『さよなら西部警察』最終回3時間スペシャル「大門死す！男達よ永遠に…」でプロデューサーを務めた元石原プロの岩崎純氏が満を持して「西部警察PERSONAL」誌にご登場！兄弟誌「西部警察LEGEND3＆4」以来となる、名脚本家、峯尾基三氏とお二人で『大都会』／『西部警察』両シリーズのことを始め、本誌のメイン特集である、リキこと松田猛刑事役を演じた名優・寺尾聰のこと。そして岩崎・峯尾両氏が組んだ最高傑作の誉れ高き、1984年のお正月スペシャル「燃える勇者たち」での石原裕次郎、勝新太郎の友情、そして丹波哲郎のゲスト出演にまつわる秘話。さらには『大都会―闘いの日々―』（'76年）、『大都会PARTⅡ』における渡哲也、松田優作の秘話など、まさしく〝このお二人が揃ってならでは〟のエピソードを次々にご披露！『西部警察』や石原プロの範疇に留まらない、日本芸能史に刻まれるべき証言集となったので、刮目してお読みいただきたい。

まずは、岩崎氏がプロデューサー補として参加した『西部警察 PART-Ⅰ』（'79年）のお話からお聞きしよう。

「『西部警察』人気は関西から爆発したんです」

岩崎　『西部警察』が始まるときに石野（憲助プロデューサー）さんが、当時、舘ひろしさんが所属していた東映まで行って、彼を口説いたんです。『大都会PART Ⅲ』（'78年）のときにもオファーして、一度断られているのですが再度、オファーをしました。舘さんは半年で殉職させてくれるなら、という条件で、出演が決まりました（巽総太郎刑事役）。その殉職回がうまくいって、番組人気も上がった。でも、いろいろあって舘さんが番組に復帰して（鳩村英次刑事役）。そこへ三浦友和さん（沖田五郎刑事役）が入って来て、〝友和・舘コンビ〟で番組そのものがいい雰囲気になりました。

じつは『西部警察』1作目は視聴率が奮いませんでした。当時、ヘタをしたら広告代理店から「番組をやめさせて欲しい」と言われるぐらいの数字でした。そうしたら友和さんと舘さんコンビが誕生して、視聴率がグングン上がり始めました。今でも人気の、NHKの「大河ドラマ」の裏でしたから、どうしたって最初は数字が獲れないのですよ。ところが〝西部〟警察ということで、大阪から最初の人気に火が付きました。〝西部〟というタイトルに親近感がわいたのでしょう。大阪の人たちがすっかり気に入っちゃって、ABC＝朝日放送の視聴率が東京のテレビ朝日より全然よかったんです。だから『西部警察』は大阪（関西）からブレイクしたんです。

〝数字が獲れない〟という信じ難いキーワードに驚きを隠せない。なぜなら『西部警察』は常時平均15％は取っていたから。今だったら立派な大ヒット番組の視聴率だ。だが、当時は視聴率に対して今とは比較にならないくらいシビアだったという。

岩崎　今だから言えますけど、実際、広告代理店からは打ち切りの話も出ましたから（苦笑）。テレビ朝日の高橋正樹さんは同じ刑事ドラマの『特捜最前線』（'77年）のチーフプロデューサーでもありますけど、本当はアクションものは個人的にはあまりお好きではなかったのではないでしょうか。だからホン作りでも、小林正彦専務（当時）と意見がぶつかることもありました。そんなこともあって同テレビ朝日の星裕夫さんが調整役になっていました。

高橋さんは脚本を作り込むタイプのプロデューサーですからいいホン屋さん（シナリオライター）を探すのがうまい。『特捜最前線』の長坂秀佳さんなどはその最たる存在でしょう。脚本家さんの話ではひとつ面白い話があって、あの有名な作詞家の阿久悠さんがブレイクされる前、広告代理店の宣弘社でCM等のコピーライターをされていて。『特捜最前線』の前身の『特別機動捜査隊』（'61年）の脚本を書いて高橋さんに持ち込まれたんです。高橋さんがそれを読んだところ、〝ちょっと使えない〟という判断になり、どういうお断りのされ方をしたのかはお聞きしなかったんですが、とにかく〝残念ながらボツにさせてください〟とお答えしたら、阿久さんが「失礼致しました」と仰って目の前で原稿をバリバリ破った。それを高橋さん、「いや、あれは失敗した」と。それはそうでしょう、その直後に作詞家として大ブレイクされたわけですから。でもあれは〝自分のお陰だ〟と（笑）。「僕があそこでシナリオを採用しなかったから、阿久さんは作詞家として大成できたんですよ」と、こう仰るわけ。確かにそれは一理はあるということで、高橋さんの自慢話のひとつになっています（笑）。

「『ルビーの指環』のバックバンドのギャラは寺尾さんの自腹でした」

それではこの辺で、本書のメインフィーチャー・キャラクターである、リキこと松田猛刑事役を演じた寺尾聰さんのお話からさっそくお聞きしてみた。

岩崎　寺尾聰さんは舘さん（巽総太郎刑事）が最初に殉職するシリーズ（『ＰＡＲＴ-Ⅰ』まで出てらしたんですよね？

彼には〝寺尾伝説〟があって、じつは寺尾さんはめちゃくちゃ運動神経が良くて、ミュージシャンでもあるから根が器用で、何をやらせてもうまいんです。ゴルフも独特のスイングスタイルで、抜群にうまいし、いまも上手です。ボーリングもうまい。歌もベースもお見事。それに作曲も……彼は本当にすごい才能の宝庫なんですよ。だから今や本当に日本の名優中の名優になりましたよね？　もともと劇団民藝主宰の名優・宇野重吉先生の血も引いていたとはいえ、いい意味で宇野先生とそっくりになりました。

寺尾さんも本当に素晴らしい、日本を代表する俳優、タレントになりましたよ。勲章も受賞されましたけど、ちゃんと自分で仕事を選んで、ＴＶコマーシャルなどにも出演する一方、嫌な仕事は降りたりもする。彼はこだわりの人というか、そういうところは頑固だから「ルビーの指環」が大ヒットしていたときも、寺尾さんは一流のスタジオミュージシャンでバックバンドを編成していました。だから当時、ＴＢＳ系の名物歌番組『ザ・ベストテン』（78年）に出たときも、寺尾さんが時給制の豪華バックバンドをスタジオに招き入れて。カメリハ（カメラ・リハーサル）、音合わせ、ランスルー（通し稽古）、本番の順に進めて行きますよね？　それをそのバンドメンバー全員で行うものだから、ひとり何十万円のギャラになってしまう。あの当時、テレビ局から出るギャラも、特に歌番組だとドラマよりもはるかに少なくて。そこでスタジオミュージシャンを使って、たいへんな金額になってしまったために小林正彦専務（当時）が「これじゃあ赤字じゃないか!?」と怒られました。でも寺尾さんは頑固だから「彼らバックバンドのメンバーがいないのであれば、僕は出ません！」と言って聞かない。そうするとテレビ局は困るし、中村進さんという音楽出版のご担当がその調整にすごく苦労されたという話をお聞きしました。

まあ、色々なことが重なって、寺尾さんは会社を辞めることになりましたが、もともと寺尾さんと小林専務との人間関係が悪くなったわけではありませんから、その後も実際には良好な関係は続いていて。渡さんが主演された高杉良原作企業戦士ドラマ『生命《いのち》燃ゆ』（92年）という特別番組を制作したときに、専務が寺尾さんを呼び戻して出てもらったんです（高田内科部長役で特別出演）。そうしたら、じつにいいお芝居をされましたし、その時に専務も〝すごくよかった〟といたく喜ばれてましてね。〝勘当男が帰って来ました〟とジョークを仰ったりして、専務自身は寺尾さんをずっと可愛がっていました。

寺尾の名曲「ルビーの指環」に関して、石原裕次郎が「こんなお経みたいな歌、当たるはずがねぇ」と言ったという説と、逆に「他の歌はよくないけど、これだけはいい」と仰ったという二説が現在、巷に流布している。真相はどちらなのか、当事者のおひとりである岩崎氏にお聞きした。

岩崎　そこは正直、わかりません。記憶がないです。裕次郎さんが渡さんに、『くちなしの花』（73年）が当たったら逆立ちで銀座を歩いてやる」って言ったことは憶えています。そうしたら大ヒットしちゃって、裕次郎さんは後で「俺、そんなこと言ったっけ？」ととぼけてらっしゃいましたけど（笑）。「ルビーの指環」に関しては〝お経みたい〟とは言ったかもしれませんね。裕次郎さんの性格を考えると。でも「くちなしの花」の前例がありますから、〝当たるはずがない〟とは言わなかったと思います（笑）。

「寺尾さんはファッショナブルなんです」

峯尾氏は『大都会―闘いの日々―』では日高明という新聞記者としての寺尾のキャラクターを描いていたが、『大都会PART Ⅲ』でガラッと趣向を変えて、S&W M29〝44マグナム〟83／8inchを手にしたアクション派刑事のジローこと牧野次郎刑事役を描くことになる。そのジローのキャラが『西部警察』のリキに継承されるわけだが、その辺りのお話を伺ってみた。

峯尾　僕は実際には『大都会PARTⅢ』のときはほとんどジローのアクション編は書いていないんですよね。寺尾さんの身体能力とか運動センスの話はシナリオライターに伝わってくるのが遅かったから、あんまり活かせなかった。そういう〝アクションができるキャラクター〟ということが僕らホン書きに伝わるのがちょっと

薄かったと思います。今にして思うともったいなかったですね。あの当時の寺尾さんていうと、〝線の細い、気の弱いキャラクター〟という魅力だったから。『西部警察』を書いているうちに寺尾さんの身体能力の高さに気づいていったから、もうちょっと暴れてもらってもよかったかな？ とは今にして思いますけど。

岩崎　寺尾さんはファッショナブルなんですよ。生まれも育ちもシティーボーイだから。オシャレなんだけど、ブランドものが嫌いなわけ。

彼のいいところは、いわゆるブランドものは買わずにその辺の町のスーパーなどで、わざとダサい感じの服を買う。それをかっこよく〝寺尾風〟に着こなすんです。あれが寺尾さんのいいところというか、センスの良さですよね。

この間、一緒にゴルフに行ったときもタックの付いているズボンでゴルフをしていました。そうしたら寺尾さんが、「ちょっと見てよ。こんなズボン、東京じゃ売ってないでしょ？」と僕に言って来て。そこは千葉のゴルフ場だったんですけど、「近くに昔からの洋品店がスーパーになった地元のお店があって、そこへ行くとあるんだよ」と仰って。そこでタックの付いたズボンみたいなダサい服をわざと買い占めちゃうそうです。

流行遅れでダサいんだけど、寺尾さんが着た途端、かっこよくなる。これはもう完全に彼のセンスの良さですよね。

峯尾　だから女性ファンにもモテたんですね。

岩崎　モテた（笑）。最近でも、四谷荒木町の雰囲気のよいお店で呑んでいたら、酒場のお姐さんが「ゴルフ場で寺尾さんをよくお見かけすると言って来て寺尾さんに2ショットで撮らせてもらった記念写真も見せてもらいましたよ。他の人には見せないようにと寺尾さんには言われて、僕だから見せてくれたそうなんですけど（笑）。

「僕的にはリキのイメージは『太陽にほえろ！』の山さんでした」

ジローを演じるまでの寺尾の印象は、名作『おくさまは18歳』（'70年）での気弱な高校教師・海沼役や、先の『闘いの日々』の新聞記者・日高役など、いわゆる〝線の細いキャラクター〟として世間的には認識されていた。当然、峯尾氏もその印象で寺尾の役を描いていたという。

峯尾　線の細さというか、寺尾さんの歌の影響が大きかったと思います。ワイルドさが売りの『西部警察』の出演者の中で、そういう要素を粒だてたのかな？　横並びのワイルドさを避ける方向にキャラクターを寄せて行ったのだと思います。大門軍団の中にある種、文学的というか、都会的でインテリなキャラクターを作り込んでいった感じですね。

岩崎　僕的には『太陽にほえろ！』（'72年）の山さん（山村精一刑事／演・露口茂）みたいなタイプに捉えていました。いわゆる知能犯をやっつけるタイプですね。

峯尾　僕もリキのキャラクターはそういう扱いだと思っていて、今回DVDで何話か観直してみましたけど、僕自身はリキがメインの回は1本も書いていませんでしたね。そういう〝脚本家とキャラクター〟みたいな組み合わせの相性はあると思います。僕はどちらかというと舘さん、タツ（巽総太郎刑事）とかイッペイ（平尾一兵刑事／演・峰竜太）が主役の回が多かったかな？ タツのワイルドなイメージにはこっちが触発されましたね。

岩崎　峯尾さんはまさにご本人がハードボイルドだから。彼はアナーキーな感性を持っているんですよ。基本的に団塊の世代だから、あの時代の空気感を知っていました。

確かに峯尾氏、そして永原秀一脚本の回では、〝単なる犯罪者〟を超えたところにある、テロリスト系の犯人が多い印象を受ける。

岩崎　永原さんこそ本物のテロリストですよ（笑）。日野（東京都日野市）のご出身で、新撰組の土方歳三の生まれ変わりみたいな人（笑）。酒乱で、銀座で東映の岡田茂社長（当時）に絡んだりと、酒豪（？）伝説がすごいんですよ。岡田さんのほうが一枚上手だから「あいつは面白い」って仰って認められていたけど。永原さんは酔うと無茶苦茶でしたね（苦笑）。永原さんは峯尾先生のお師匠さんですし。

そう語る岩崎氏が『大都会PARTⅡ』で監督した最終回では、ヘリコプターが飛び、ダイナマイトが爆発する、後の『西部警察』を彷彿とさせる一大アクション巨編となっていた。〝永原氏のことを言え

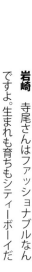

ないのでは?〟と思いつつ、当時の現場でのお話を伺った。

岩崎　ドラマ（中身）は全然ないんですけどね（苦笑）。優作さんが刑事部屋のシーンでうまくギャグにしていましたよ。「最近はいいテレビドラマがない」って台詞にして。いい意味での皮肉、センスのいいジョークでしたよね。もちろん脚本にはない、優作さんのアドリブなんですけど、現場で直に聞いていて「やっぱり優作さんはうまいこと言うな」と、思いました。これは刑事部屋のシーンでポロっと徳吉刑事が言うセリフです。実際には〝ドラマのないドラマを作る〟方が難しいのですよ。刑事側は乾いたウェットな一種独特の義理人情で、犯人側は怨みを晴らすとか怨念で、とにかく暗い。その犯罪者が、単なる感情だけでなく知恵で勝負しようと来るし、刑事側はそれを徹底的にやっつけようとする構造で……峯尾先生が仰るように〝良質のエンターティンメント〟が『大都会』であり、『西部警察』だったんです。

実際に『大都会PARTⅢ』の撮影に入る前に、ジローのキャラクターについて〝今度はアクション派で行く〟という指示や説明が制作やプロデューサーサイドから脚本家陣にはあったのだろうか? 今度はその点をお聞きしてみた。

峯尾　ありました。寺尾さんのキャラクターについてももちろんですが、つまり〝今回は刑事アクションの王道エンターティンメントの方向で行こう〟というのは、ハッキリとこちら側、僕らライターサイドの企みでもあったんです。大体、永原さんの子分だから、やりたいことはエンタメの方に自然と行っちゃうわけ。最初に〝こういうもので〟という明確な提示があったわけではないから、逆に〝こちら（シナリオライター）側の好きなことができる〟という思いで、永原さんとか僕がホンづくりをするとどうしてもそうなるわな……と思っていて。

結局、寺尾さんのリキは確か『西部警察』のPART-Iで殉職したんですよね?

岩崎　そう、番組的には〝殉職〟という形を採りました。初めて『黒部の太陽』に出演するときに、お父様の宇野重吉先生から注意を与えられたそうです。

「出演することになった以上、これだけは言っておくことがある」と。

まずセリフは絶対覚えて行け。セリフを覚えないで現場に行って、〝ええとなんだっけ?〟などと言うようなことは絶対にダメだ。セリフは絶対全部覚えて行くこと。相手のセリフまで覚えろとは言わんが、ひとまず自分のセリフは全部覚えて行け。それから現場には遅れるな。遅刻をしちゃダメだ。メイクとかいろいろしなきゃならないから、何時集合と言われたらそれより早く着くようにしろ。もうひとつ。最後は、「監督の言うことは聞け」と仰ったそうなんです。

そうしたら「あと最後にもうひとつ」と、付け加えられて。これがじつにいいお話で。

「〝石原裕次郎は俳優じゃない。言っちゃ悪いけどお芝居に関してはずぶのド素人だ〟と周りもみんな思ってるし、ご本人も〝役者は男子一生の仕事にあらず〟と言っているが、これはみんな大間違いだ。あんなに自然にいろんな役をこなせる人間はいない」と言われたそうで。宇野先生は誰よりも裕次郎さんのことをわかってらっしゃったんですね。

「黒澤監督作品に出て、石原裕次郎の偉大さがわかったんです」

映画『黒部の太陽』（'68年）での裕次郎と宇野重吉の年齢も立場も超えた〝漢《おとこ》の友情〟は有名な話だが、それだけに宇野は誰よりも〝俳優としての〟裕次郎の力量を見抜いていた。それを実子である寺尾に伝えたが、寺尾自身がその言葉の意味を理解したのは、なんと〝世界のクロサワ〟映画に出演したときのことだったという。

岩崎　宇野先生曰く「新劇で（コンスタンチン・）スタニスラフスキーの演劇論を学んだ。どうしたら自然体にいろんな役ができるか? ということを、発声練習をしたり柔軟体操をしたり、いろいろな訓練をしたり、いっぱい本を読んだり……いろいろなことをして〝どうしたら自然に演じられるんだろう?〟と、日々奮闘努力してずっとやって来た。それでもなかなかうまくできない。だけど石原裕次郎という男は、例えば〝石原裕次郎のお医者さん〟、〝石原裕次郎の刑事〟、〝石原裕次郎のパイロット〟……といった具合になんでも簡単に自分のものにしてしまう。あんなに自然体にどんな役も演じられるのは理想なんだ」と、宇野先生が寺尾さんに〝それだけは肝に銘じておけよ〟と、強く言われたそうです。その頃の寺尾さんには、宇野先生の言った意味がわからなかったそうです。それが自分で本当にわかったのは、黒澤組（黒澤明監督作品『乱』〈'85年〉）に出演した時。黒澤組の現場に行ったときに、まず最初に〝撮影に入る前にズラを付けて衣装を着て、刀を差して一日中ぶらぶらするように〟言われたんです。〝なんでこんなことをするんだろう?〟とは思ったんだけど、その分のギャラも出るということで、言われたとおりにした。それで一か月ぐらい経ってからやっとクランクインして、お芝居をすることになった、と。それでわかったのは、ズラがすっかり自分のものになっている……頭に馴染んでいるし、刀も最初に差したときには重かったんだけど、それで慣れたときの態勢が決まる。つまり重い刀を差して歩く歩き方が堂に入っている。草履についても、それを履いたときの立ち居振る舞い

や、和装での立ったり座ったり、走ったりという所作が、一か月経ってすっかり身に付いていた。それでやっと芝居の方もできるようになるから、確かにすべての動きがすごい自然になっていた、ということで。
「やっぱり黒澤明監督はすごいよ。最初に〝なんでこんなことをするんですか？〟と聞いても〝まぁいいから、ぶらぶらしていなさい〟としか言わない。〝こういうわけだよ〟ということを自分からわからせようとしたんだ、世界の黒澤は。やっぱりすごいよ！」と、半ば興奮気味に寺尾さんが語られて。そこで初めてお父様の宇野先生のあの言葉を思い出したそうで。「あのとき、親父に言われた〝石原裕次郎はナチュラルなんだ〟って意味がようやくわかったんだよ」と、『生命燃ゆ』のロケ撮影の合間に、「ねね、聞いてよ？」という寺尾さんのいつものあの調子で、僕らスタッフに仰ったことを昨日のことのように憶えています。
　だから寺尾さんは頑固とか意地っ張りというより根が自然体なんです。決して意地を張るということではなく、芯が強いんですね。

「村川監督の作品を観て、が然、書きたいと思ったんです」

ここでお話を再度『大都会』、『西部警察』両シリーズに戻して、その世界観と当時の向き合い方について峯尾氏に伺ってみた。するとやはり大いに刺激を受けたのは、当時新進気鋭だった村川透監督が担当したお話だったという。

峯尾　テレビにおけるドラマの主流というのは、昔からほとんど〝家庭劇〟になるんですね。決して〝ホームドラマ〟という意味ではなくて、例えば刑事ドラマなんかで言うと、刑事たちの人間関係をファミリーという捉え方で描くという、ね？　でも僕らなんかはお父さんお母さんのドラマや、子供達のいじめとかしつけとかそういうものではないドラマを描きたかった。敵と味方、男と男の友情的な浪花節みたいなものはそこにあってもいいとは思うけれども、そういう家族的なものでない世界を常に目指していました。
　そんなときに村川透監督作品を観て、〝これはこのシリーズに賭けられるな〟と、すごいやる気が出ました。もちろん当時はワクワクしながらも、いっぱいいっぱいになりながら書いていましたけど。他にこういうものを表現できる場（ドラマ）がありませんでしたから。永原さんや僕としては〝小型映画〟のつもりで脚本を書いていましたね。

岩崎　『闘いの日々』も1本目はやはり舛田さんで、2本目が降旗康男さん、3本目で村川さんが監督しています。じつは村川さんは結構後で監督したんですが、放映順を繰り上げています。第4話の「協力者」ですね。
　スタッフ間で〝出来がいいから早く流した方がいい〟という話になって放送第4話になったと記憶しています。

峯尾　僕がいちばん衝撃をうけた村川作品はPARTⅡの「白昼の狂騒」なんです。あの一本を観たときに、掛け値なしに刑事アクションドラマの傑作だと思いましたよ。いや、あれはもう観ていて震えましたね。

岩崎　村川さんは、舛田さんが「やっぱり才能がある人間が埋もれてちゃいけねぇ」と仰って、石野プロデューサーに相談して山形から呼び寄せたんです。村川さんはいい意味で〝狂っている〟から（笑）。

峯尾　第三話の「白昼の狂騒」を試写で観て猛烈に「書きたい」と思いました。永原さんの脚本で、村川さんが撮ったあの一本を観て、が然書く気になりました。その後、ずーっとやっていくときの起爆剤になっているくらいに印象深い名作でしたね。

岩崎　あれはみんなウィンウィンでしたね。優作ちゃんにとってもよかったし、石原プロにとってもよかったんです。

ここで岩崎氏が監督デビューを果たし、峯尾氏も、が然モチベーションがUPしたという『大都会PARTⅡ』と村川透監督作品について少し掘り下げてお話を伺った。

岩崎　『大都会PARTⅡ』の第1話は永原（秀一）さんの脚本です。松田優作さんがレギュラーで出たシリーズですね。〝優作ちゃんを呼ぼう〟ということになって、始まったんですが、第1話の最後の方で、台本では渡さん（黒岩頼介刑事）が凶悪犯をボコボコにして、それを優作さん（徳吉功刑事）が止めるという展開になっていました。それを舛田（利雄）監督が現場で変えたんです。舛田さんが渡さんとお話しして、優作（徳吉）が暴れるのを渡さん（黒岩）がグッと止めるということになった。それで優作さんの、あの徳吉刑事のキャラクターが決まったんです。それはどういうことかというと、渡さんのキャラクター、黒岩刑事がその時点で大物になった、1ランク上がったことを意味するんです。同時に現場での俳優としての格が上がったことも意味します。それが後の『西部警察』の大門団長に繋がって行ったんです。だからあそこで渡さんと松田さんの役割を入れ替えたのは英断というか、すごい大きかったんです。

もちろん当時、優作さんも石原軍団にはすごい気を遣っていましたよ。特に渡さんにはね。渡さんも優作さんにはすごい気を遣っていましたし。気を遣っていたというか、いい意味での〝男の友情〟だったと思います。石原、渡、松田という、3人の男の友情。それを脚本の永原さんが汲み取ってホン（脚本）にして、現場で舛田監督が形にしていったんです。

岩崎氏に、『大都会PARTⅡ』での松田優作のレギュラー抜擢について伺った。石原裕次郎が当初は多少の難色を示したという説と、むしろ率先してレギュラー入りを推奨したという説とどちらが本当だったのだろうか？

岩崎　それは僕にはわかりません。だけど優作さんは『太陽にほえろ！』にも出ていたわけだし、石原さんのことだから、小林専務がその話を持って行ったときに「どうします？」と聞かれて、石原さんが「やってやれよ」という感じだったと思います。だってもし石原さんがNOだったら、絶対にNOですもん。いくら小林専務が持って行ったとしても石原さんにひと言「やめとけよ」と言われたら、終わっちゃいます。渡さんはそれまで優作さんとは接点がなかったから、裕次郎さんが「いいんじゃね？」と言わない限り、レギュラー起用はあり得ません。なんたってビッグボス、度量のある人ですからね。

そのきっかけとなった『闘いの日々』での優作さんのゲスト出演の仕掛人は石野さんです。たぶん日テレの山口（剛プロデューサー）さんと話してそういうことになったんだと思います。村川さんの監督復帰はその後だったと記憶しています。村川さんも舛田さんに言われたらもう「ハイ」しか言えません（笑）。だから、優作さんのゲスト出演が先に決まってから、そのお話を村川さんの復帰作に当てることになったのだと思います。だから出る方も監督する方も〝復帰に賭ける意気込み〟みたいなものがあって、なおさらあのような名作になったんだと思いますね。

「〝舛田会〟誕生のきっかけは、酔っ払った小澤監督と永原さんでした」

岩崎　舛田監督に関してはひとつ面白いお話があって。じつは今でも〝舛田会〟という会を開いていまして。僕が〝永久幹事〟でね。日活の〝舛田組〟というのは、江崎実生監督がトップで、小澤啓一監督、村川透監督、正森さん、僕、原隆仁監督と、ずっと続いていました。今はもうコロナ禍で開催できなくなっていますが、なんでその会が始まったかというと、きっかけは小澤さんと永原さんなんです（苦笑）。それ以前にも、毎年お正月に舛田さんの家で俳優さんやスタッフたちと大勢で呑み会はやっていました。僕が結婚した年に女房と二人で行って、僕らが先に帰ったんです。帰った後、大騒ぎになったそうで。まず小澤さんがある監督を殴って、応接間は大爆発。次に永原さんが悪酔いして障子をバリバリと破り、舛田さんの奥さんが怒って大修羅場になった。あとで聞いたら、僕のせいになっていてびっくりしました。舛田さんが「女房が怒っちゃって、来年からうちでできねぇよ。そもそもお前がいればあんなことにはならなかったんだ」と、言うわけ（苦笑）。「そう言われちゃしょうがない」というお話になって、それで今でも幹事をやっているんです。僕が29歳の時に始まって今70歳越えだから、かれこれ40年続いています。〝血盟舛田会〟という名前でね。これはもう自慢ですけど、僕でなかったら石原プロでの舛田作品の助監督は務まらなかっただろうし、この舛田会も今日まで続かなかったと思います（笑）。『大都会PARTⅡ』の直後くらいからですね。そのあとも舛田さんについてはこれ以外にもいろいろサポートしていました。アメリカの東海岸から西海岸まで1カ月の縦断ロケに行かされたこともありました（笑）。

秘話満載！傑作「燃える勇者たち」について

まさに〝闘いの日々〟だった『大都会』、『西部警察』両シリーズの制作現場。先に峯尾氏もホームドラマ的でないものを描きたかったと仰っていたが、そういう意味では、峯尾氏が脚本を書き、岩崎氏がプロデュースしたスペシャル「燃える勇者たち」は〝家族的なものでない世界観〟の最たるエピソードと言えるだろう。ここからお二人が共に〝マイ・ベストエピソード〟として自選される『西部警察PART－Ⅲ』の傑作の1本「燃える勇者たち」についてお聞きしよう。

岩崎　この作品にも当然、峯尾先生の名台詞があるわけです。脚本家さんは、じつはこの台詞（セリフ）を言わせるためだけに1本、お話を書いているんです。前後はどうでもよくって、最後に言う決め台詞《ゼリフ》のために脚本家の先生はホンを書いている、と、僕は思っています。僕と峯尾先生の最高傑作だと信じている『西部警察スペシャル 燃える勇者たち』で言うと、最後の裕次郎さんと勝さんが別れるときの台詞がまさにそれなんです。「人生はサーカスである。流れ流れて夢を追う。グッドラック！」。これは大名優・勝新太郎じゃなきゃ言えない名台詞です。裕次郎さんが最後に勝新さんを見送って、「ブラボー！」と言う。要するに一流の芸人を褒めているわけだから……"あんた最高だよ"とね。「ブラボー!」というのは演劇の世界では、最後のスタンディングオベーションにあたるわけですから、そりゃあ石原さんが「ブラボー!」と言ったら格好いいし、絵になりますよ。

　あと、二人でポーカーで博奕をするシーンでも、勝さんがあくまでも喋らず、台詞で言わないでピッ！とジェスチャーしたりして対決する。じつにオシャレなんですよ。峯尾先生がじつにいいホンと台詞を書いてくださった。また、黒幕役の財津一郎さんがいい味を出しています。「俺たちの裏切りと謀略と策略だ。これに勝る面白いことはない！」と、啖呵を切る。これがじつにグッと来る。財津さんもまたスピリッツを持ってるおひとりだから、こんな台詞が真に迫るんです。こんな台詞もあった上で、勝さんが最後に「人生はサーカスだ！」って言うから作品世界がエンターティンメントになるわけです。

　久々にこのお話のホン（脚本）を読み返して、まさにこの辺の台詞が名優同士のキャッチボールになっていて、改めて感動しました。脚本というものは、脚本家の先生が、この名台詞を名優に言わせるために書いているわけですから。その台詞を言うまでは、すべて前座に過ぎないんです。

「この作品で社長孝行ができたと思っています」

岩崎氏もホン作りの過程において、様々な設定や名台詞等にアイディアを出されていたのだろうか？ その辺りの"ものづくり"秘話を伺った。

岩崎　台詞や物語は、基本的には作家の先生が考えますから。僕らプロデューサーが口を出せる世界ではありません。

峯尾　これは新春特番で1月1日に放送するということで発注を受けて、書きました。

岩崎　ゲストは全然決まっていませんでした。でも、準備を進めている内に"勝さんを口説こう"という話になりました。

峯尾　"刑事が躍れるような展開"というような作品、画面からはみ出るような展開というような話を、最初の打ち合わせでしたように憶えています。だから割とはじめの段階でサーカスを舞台にしたら面白いんじゃないかという狙いはあったんですね。

岩崎　僕はこのときまで『西部警察』では"プロデューサー補"だったんです。『PART-Ⅲ』放送中に正月特番を二時間スペシャルで放送したいというお話が小林専務のところに来ました。でも石野さんは日常の1時間もののホン作りでパンパンだから、作業的につらいという事情がありました。それで小林専務が「じゃあ、お前が担当しろ」と言われて、「ホンは峯尾ちゃんで行こう」というお話になったんです。そのときに、僕が専務に「わかりました。その代わり、今回は僕をプロデューサーとしてオープニングにクレジットして欲しいです。"プロデューサー補"として脚本家に話をしたところで聞き入れてはもらえません。この作品に関しては僕をプロデューサーにしてください」と申し出ました。そうしたら専務も「わかった」と仰って。「その代わりギャラは上がらないぞ」とも言われましたけど（笑）。でも仕事というものはそういうものですから。実際にプロデューサーの権限がなくては現場を引っ張って行くことができません。だから専務の二つ返事で、この『燃える勇者』では僕がプロデューサーになれたんです。

名優・丹波哲郎キャスティング秘話

岩崎　それで、最初の予定どおりに峯尾先生がホンを作ってくださって、勝さんの出演も決まり……丹波哲郎さんは監督やプロデューサーのデビュー作品とか、1本目は出てくださるんです。それで丹波さんとは知らない仲ではなかったので、丹波さんを口説きに行きました。奥田事務所にいたこともあったので、"お祝い"で出てくれたのです。脚本には丹波さんの名前は載っていなかったんですけど、その脚本を持参して。「1日でいいです、1日で済みますから、1日ください」、「わかったわかった」と心よく仰っていただいて。そのときに脚本上では、丹波さんの登場シーンは日産の本社ビルとロールスロイスの中だけになっていました。でも当日、天気もよかったし、"折角だから外で撮っちゃおう！"というお話になり……『西部警察』の第1話で、装甲車がガーッ！て警視庁の前の国会議事堂のスロープを上がって行きますよね？"あそこで、同じポジションで撮りましょう"という監督の案に乗って。そうしたら天気もいいし、車の中で撮っても、石原さんと丹波さんの二人がビジュアル的にも格好いいわけですよ。それであの二人が歩いて来る姿を撮りました。だから脚本では、外のシーンではなかったんです。それで丹波さんがアフレコが苦手だと言うので、ロングで撮りました。ロングにしておけば口パクが合わなくても大丈夫でしょう？（笑）そういう理由なんです。

峯尾　勝新さんが名古屋に行くとき、新幹線の中で石原さんと二人でホン（脚本）の話をされたそうで。僕は全然知らずに後から聞かされてびっくりしたんだけれども、勝新さんが石原さんとお話ししているときに自分から〝隈取〟のアイディアを出された、と。エンターティナー・勝新太郎の面目躍如で、もう本当に嬉しかったけど（笑）。あと三味線。あれは全部勝さんのものですよね？

岩崎　勝さんは杵屋の御曹司ですからね。幼少の頃から三味線を弾き語りされているわけですから。

峯尾　あのときはオンエアを観てうなりましたね。石原さんと勝新さんで台本を読み合わせしているときに「これは難しいホンだな」みたいなことを勝新さんが仰ったというんですね。その答えを明確に表現していただいて。どう面白くするか？ どう自分を際立たせて、この作品をより面白いものにするか？ という答えを映像でお芝居で観せてくださった。

岩崎　やっぱり天才ですよ。

峯尾　そう、三味線も良かったですね。ああいうことを自己演出する方、根っからのエンターティナーですね。オンエアで見たときに本当に嬉しかった。心の中で「ありがとうございました」と手を合わせて観ていました。勝新さんはそういう風に作品を盛り上げてくれるんです。これはもう脚本家冥利に尽きますよ。

岩崎　裕次郎さんと勝さんは、本当に仲が良かったですからね。裕次郎さんは、芸能界の中で本当の〝兄弟〟と呼べるのは勝さんだけだと僕は思います。二人とも〝兄弟、兄弟〟と言い合って本当に仲良しでした。勝さんの方（勝プロ作品）には裕次郎さんは何本も出ています。〝うちの方（石原プロ作品）にも出てもらいたい〟と、ずっと思われていたのだけど、それが『燃える勇者たち』でやっと叶ったんです。裕次郎さんも嬉しかったと思います。ましてあの役は勝さんじゃなきゃできませんし。そういう意味では、僕はあの作品で社長孝行ができたと思っています。

刑事ドラマファン的には丹波と倉田保昭の共演ということで、スタッフ側が『GMEN'75』（'75年）のカラーも出そうとしていたのか？と思いがちだが……

岩崎　いや、あれは全くの偶然。アクションの絡みで倉田さんに出てもらったまでで、後からファンにそう言われてこちらが気づいたくらい。

峯尾　僕は他のキャストで言えば、財津一郎さんが印象に残っていますね。いつもの〝財津節〟ではあるんだけど、いつも以上に張り切って楽しんでいる感じがしました。

岩崎　いや、財津さんもノッて演《や》られていましたよ。やはり〝石原プロのアクションドラマ〟、それも人気絶頂期の『西部警察』のスペシャルということで、すごい気合いが入られていた印象でした。とにかく、スケールも俳優陣もすごかったですね。

峯尾　あの時代、石原プロならではで、やっぱりもう二度とあんな作品は撮れないんでしょうね（笑）。

（興味深いエピソードばかりですが、誌面の関係で「西部警察 PERSONAL 5」に続きます。楽しみにお待ちください。編集部より）

Profile
いわさき・じゅん
1948年3月6日生まれ。東京都出身。'70年、慶應義塾大学文学部国文科卒業。東宝演劇部に入社後、フリーに。イギリス映画『007は二度死ぬ』（'67年）の日本側プロデューサーとしても活躍した奥田喜久丸事務所を経て、'73年に石原プロに。以後、助監督、監督を経て『西部警察 PART-Ⅲ』でプロデューサーに昇進。『ゴリラ 警視庁捜査第８班』（'89年）や『代表取締役刑事』（'90年）、『愛しの刑事』（'92年）等の石原プロ作品をプロデュース。

Profile
みねお・もとぞう
1947年11月5日生まれ。神奈川県出身。先輩脚本家・永原秀一の薦めで映画界入り、'70年に日活映画『八月の濡れた砂』で脚本家デビュー（峰尾基三名義／藤田敏八、大和屋竺と共同）。以降『太陽にほえろ！』や『傷だらけの天使』（'74年）、『大都会』／『西部警察』両シリーズ、『あぶない刑事』（'86年）、『ゴリラ 警視庁捜査第８班』などアクションドラマを中心に活躍。近作はフジテレビ系の２時間サスペンス『浅見光彦』／『探偵　左文字進』シリーズなど。

石原プロの流儀
石原裕次郎、渡哲也、小林正彦、
栄光と挫折と銭ゲバ魂

あの大ヒット作品は
こんな物語があった。
西部警察前夜
第4回

石原プロの原点
『黒部の太陽』

映画『黒部の太陽』は、石原プロモーションと三船敏郎の三船プロダクションの共同製作で、一年以上の撮影期間を費やし、昭和四十三年二月に公開された。当時、世紀の難工事と言われた黒部ダム建設の苦闘を描いたもので、観客動員数七三三万七千人。この年の日本映画最高を記録する。

『黒部』の撮影に入ったとき、コマサは日活撮影所の社員で、裕次郎も日活と出演契約を結んでいた。日活が離さなかったためで、裕次郎は石原プロ社長と日活の俳優と二足のワラジを履いていた。渡

西部警察前夜―第4回 石原プロの流儀

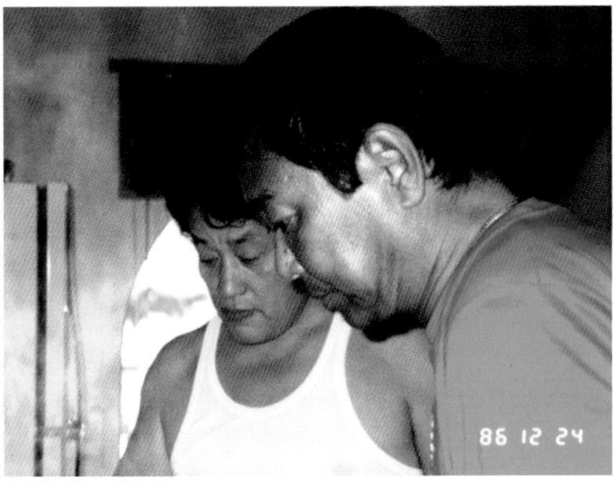

も日活の看板スターで、コマサとは気が合い、年はコマサが五歳年長だが、「テツ」「コマサ」と呼び合っていた。

裕次郎は長野県・大町の撮影現場に籠もりきりで、秋口になっても帰京しない。正月映画の撮影がまったく進まず、業を煮やした日活は、

「裕次郎を連れもどしてこい」

とコマサに命じる。裕次郎も耳を貸すだろうし、機転が利いて説得上手のコマサなら何とかするだろうと思ってのことだった。

以前のことだが、やはり人気俳優の岡田英次が掛け持ちの仕事をやっていたため日活での撮影が進まず、コマサが連れ戻しに行ったことがある。コマサは熱海の撮影現場へ乗り込むと、

「岡田さん、約束が違うでしょう。帰りますよ」と言って強引に連れ帰ったのである。

コマサの迫力に圧倒され岡田はいっさい抵抗しなかった。

今回もコマサは裕次郎を連れて帰ってくれるだろうと日活では期待していた。

コマサはロケ隊が宿泊する黒部のホテルに乗り込んだ。心酔する裕次郎だったが、仕事となれば別だ。立場は立場。言うべきことは言わなければならない。自分を律する精神の強靱さがコマサの持ち味でもあった。

コマサは、ホテルのフロント前のソファで裕次郎に向かい合った。

「裕次郎さん、『黒部』が男の勝負だってことはわかりますが、自分だけが男だ何だとカッコつけてみところで、世間は認めやしませんよ。日活の作品も終わらせなきゃおかしいじゃないですか。さっ、いっしょに帰りましょう」

野太い、有無を言わせぬ口調で言った。この声が二階まで響き、キャメラマンとして招集され、のちに石原プロの社員となる金宇満司は驚いた。すぐさま階下に降りていくと、角刈りのコワモテが裕次郎に談判している。

〈ヤクザだ!〉

と思ったと、金宇は初対面の印象を笑い話にしている。それほどにコマサは迫力があったということになる。

「わかった」

裕次郎があっさり応じたので、コマサは肩すかしをくったような気分になったのだろう。

「そのかわり頼みがある」

と言われて、

「なんですか」

思わず返事していた。

「脚本《ホン》をバラしてくれ」

裕次郎はそう言った。

「いままで撮ったものを全部見てくれ。助監督も製作スタッフもみんなここにいるから話を聞いて、お前が全権を握って、これから製作を頼む」

撮影は行き詰まっていたのだ。

コマサは当惑した。スタッフは独立プロ系が中心で、百人ほどがここに入っている。顔を見たことがない人間たちばかりだ。作品の内容だって知らない。

「無理ですよ」

と断るコマサに裕次郎が訴える。

「俺はこれに人生を賭けてやっている。お前しか託す人間はいないんだ。もし、お前が本当にこの作品はできないと言うなら、俺はあきらめる」

これまで裕次郎についていたコマサだ。立場上、連れもどしに来ただけで、いまも裕次郎に心酔している。その裕次郎に頭を下げられては、嫌とは言えない。

「わかりました。だけど私は日活の社員ですから、いっぺん東京へもどって……」

「だめだ。ここに残ってやってくれ」

裕次郎を連れもどしに行ったコマサは、こうして現場に居座ることになるのだ。脚本を読み、これまで撮ったフィルムを見て、四日をかけて脚本をバラし、撮影現場やオープンセットを再検討し、山の天気を睨み、風を計算し、すべての段取りを着々と整えていく。

コマサの独壇場であった。

トンネルシーンが多いため、愛知県豊川市にある熊谷組研究所の敷地六万坪に全長二百三十メートルのトンネルをつくった。出水シーンを撮るため、水量四百二十トンを貯蔵するタンクを、当時の金で五千万円をかけ、これもつくった。四百二十トンの水量は、団地三千世帯の水タンクと同じ容量だった。

こうして撮影が始まり、事故が起こった。

どこかに計算違いがあったのか。水槽のゲートが開かれると同時に、逃げ場のないトンネルの中に四百二十トンという大量の水が十秒足らずで放出されたのである。一瞬の出来事に、トンネルの中で撮影していた裕次郎もスタッフも逃げる間もなかった。

「あっ!」

と叫ぶと同時に、撮影用コードが絡まり、裕次郎が気を失った。助け出され、病院に運ばれて指先を見ると、ジャリでこすれたのだろう。十本の指先の指紋がなくなり、親指が骨折して後ろ側に曲がっていた。

トンネル内にはスタッフ四、五十人が入っていた。死者が出るのを覚悟した。だが、幸いにも全員が助かり、安堵する裕次郎に、コマサが言った。

「熊谷組の人がトランスのスイッチを切るのが一瞬でも遅れていたら、全員、感電死していたそうです」

撮影用のライトの電源として、トンネル内には三千五百ボルトのトランスが入っていた。奔流が流れ込んで来るのと同時に、熊谷組の人がとっさにスイッチを切ったということだ。コマサの言うように、もし一瞬でもスイッチを切るのが遅れていたら大惨事になっていた。

調査の結果、原因は、段取りの都合で撮影が三日延びたためにコンクリートが固まりすぎたことにあった。

「コンクリートが固まりすぎたため、タンクから出た水が一度に溜まり、それに圧力が加わって一気に吹き出した」

と調査にあたった専門家は説明した。

裕次郎を慄然とさせたのは、周到な準備をし、完璧を期して臨んだ撮影であっても、コンクリートの予想外の乾きの早さまで計算できなかったということだ。何が起こるかわからない。

事故は人智を超えたところで起こる。

自分が死ぬのは構わないが、スタッフや出演者を死なせるわけにはいかない。裕次郎は戒めとして、このとき固く誓ったのだった。

これだけの事故にもかかわらず、キャメラマンはカメラを回していた。

問題はフィルムだ。

映っているかどうか。

奔流に押し流されて、あちこちに転がったカメラを拾い集めて、現像所に走らせた。

映っていた。

全部、映っていた。フィルムは水に強いと言われるが、予想外の強さに裕次郎は、ここまでとは思わなかった。

すぐにラッシュを見た。わずか三秒。本物の事故は迫力があり、裕次郎はラッシュを見ていて吐き気がしてきたことを覚えている。事故扱いとなり、コマサは事情聴取のため、豊橋署に一晩泊められることになる。

こうして『黒部の太陽』は完成する。試写会が国立劇場で開かれ、常陸宮殿下もお見えになった。殿下はインターミッション（幕間）のときに、出水シーンについて、

「あれは、どういうふうに撮影されたんですか」

と裕次郎に質問する。

熊谷組研究所にトンネルや貯水タンクを作ったことなど、くわしく説明した上で、裕次郎はこう言った。

「実は、あれは本物の事故を撮ったんです」

『西部警察』のアクションシーンは、脚本家が腕を競うようにして過激なシーンをヒネリだし、さらにエスカレートしていく。刑事に辛気臭い説教はさせない。登場人物はどこまでもカッコよく、内容はハラハラドキドキで、番組を見ているときは憂き世を忘れさせ、あとに爽快感が残るもの——それが娯楽映画だ。見終わってスカッとし、明日への活力の一助になれば、なお結構。『西部警察』は娯楽に徹し、演っている裕次郎自身、ますます面白くなってきたと思う。

それはいい。

だが、『黒部の太陽』のときのように、完璧を期しても事故は起こる。責任者として、裕次郎は危惧しないわけにはいかなかった。

「銭ゲバ⁉　けっこうだ」コマサ

コマサは自らを「俺はね、あっちこっちから銭ゲバと言われているんだけど、それでいいんだ。お金を集めるときも、『これじゃ安い。ダメだ。もっと出してくれ』と言って交渉して勝ち取るんだ」と言う。

まだテレビ界においてタイアップのない

石原プロの流儀

時代、コマサは表に立って金稼ぎに集中した。

コマサの考えはこうだ。

人間って面白くて『お金欲しいからちょうだい』と言っても出さない。ウチは、『こうこうこうだから、こう得するよ』と計画を話す。興味を持ってくれた人は『そんなら是非に参加させてください』とくる。『いいですよ。でもウチ少し高いんだけど』と話し、それでもやりたいという人間だけを集める。大事なのは、そのもの自体に、ちゃんと価値を持たせ、損をさせないことである。だから相手が喜んでお金を払いたいと思うような条件下にさせる。それを持って儲かっているところへ一気に向かって行くから話が早い」

『西部警察』の地方ロケなどは、宣伝効果があるため、タイアップが殺到してまかないきれなくなるほど儲かった。ホットにホットに持っていったのが成功した。すべて借金返済と、裕次郎のためにコマサは奔走し、かなりの額の蓄えもできた。

金がなければ何もできない。鬼、守銭奴と言われても、「銭ゲバ⁉　けっこうだ」と突き進んでいた。

思えば石原プロ倒産の危機のときから、コマサは目の色を変えて必死でやってきた。それでも楽しかった。

一度だってやめようと思ったことはなかった。コマサは信念を持って事を運ぶ。

「俺なんて大した実力もないのに『この野郎！』なんて思いながら、絶対になんとかしてやると自分を信じてやってきた」

それもすべて裕次郎の魅力からであった。

同じ人間とは思えないほど、とにかく素晴らしかった。裕次郎は人を決して誹《ひ》謗《ぼう》したりしなかった。腹の中で思っていても口には出さない。ちゃんと自分を持っている。

すべてにおいて人より抜きん出ているというものではない。ケタが違うのだ。

あるときコマサは役員会で裕次郎からこんな相談を受けた。

「コマサ、ヨットのマストが傷んでいる。二百万か三百万かかるけど、レースも近いし、替えたいんだ」

コマサが「銭ゲバ」と言われているのを裕次郎の耳にも入っていた。「金を遣《つか》うときはどうなんだろう」裕次郎は軽いノリで身内にもそうなのか試してみた。

コマサは真顔で答えた。

「ダメです。ヨットはお金を稼いでくれません。いままでイワシ一匹でも獲って持ってきましたか。ここは我慢してください」

ヨットは裕次郎にとって生きがいの一つとしている。趣味を超えてプロの腕前を持っている。それをいとも易く断られてしまった。

普通ならここでムスッとするだろうが、裕次郎は、動じることなく、次にコマサの仕事のやり方に話題を振って仕掛けてみた。

「ウチの経営も少し余裕が出てきた。トラックを何台も買うカネがあるんなら、マストの一本くらい、罰は当たらんだろう」

「トラックのことですか。ああ、『西部警察』のおかげで八億の負債は整理できたし、経営にも余裕が出ました。だからトラックを五台買ったんです。必要だから買ったんです」

続けてこうも言った。

「いいですか、これまでウチはロケのたんびにトラックや運転手を借りている。手間もカネもかかる。だからトラックも運転手もすべて自前にして、カネを節約して機動力を上げるためにはトラックの台数をそろえなくちゃならない」

言葉を切ってから、

「家庭の奥さんように、たとえば亭主の月給十万を、その範囲内でやりくりするというのもひとつの考え方です。だが、俺たちの商売は、十万のうち七万を遣って残り三万を預金なんてことをやっていたらだめなんです。十万を二十万、三十万に活かして遣うという発想が大事です。カネがもったいないから、トラックを買うのはやめておいて現金を握っておこうなんてことでは会社は大きくなれない。トラックに『石原プロモーション』とか『西部警察』と書いて走れば宣伝にもなる。マストとトラックじゃ、おカネをかける意味が違うんです」

コマサが一気に言った。

渡はコマサの言葉に驚いた。

〈裕次郎さんの看板で稼いでいる。そこまで言うことはない〉

裕次郎はそれ以上、言わなかった。

〈コマサは、命を賭けて会社を再建してきた。いまも変わりない、安心した〉

それが素直に感じた気持ちだった。

裕次郎の希望を叶えてあげたいと望む渡と、石原プロの経営体力をもっともっと強くするべきだというコマサ――。裕次郎に惚れ、石原プロの発展を願っていることは同じであることをお互いが認め合いながらも、微妙なズレを意識しないわけにはいかなかった。情に従おうとする渡の気持ちに対して、コマサは情を理性でねじ伏せることこそ、本当の意味での情であると考えていた。

渡は、裕次郎のためなら潔く腹を切ってもいいと覚悟している。コマサは、裕次郎のためには、泥水をすすってでも生き続けなければならないと覚悟している。性格に根ざす二人の違いは、石原プロが負債を抱えたときに背負った苦労の〝質〟によるのではないか。

渡は役者としての夢や可能性をみずから封じ、石原プロの手駒となってテレビ映画でアクション刑事に徹した。一方のコマサには、封じなければならない夢はなく、いかにしてカネを握るかという一点で突き進む。すなわち「どんな役を演じて稼ぐのか」という〝稼ぎ方〟が尾を引いている男と、「どうすれば稼げるか」

とストレートに考える男の違いということになる。

　石原プロが負債を背負ったとき、「会社をつぶして、また立ち上げればいい」と恬淡とする裕次郎にコマサは猛然と異を唱えたが、渡はそこまでの思いはなく、裕次郎に近かった。「人生は、なるようにしかならない」と突き放して見る男と、「人生は、なるようにしてみせる」という男の違いだった。

　『黒部の太陽』は大成功し、石原プロは前途洋々の船出をした。

　つまづきは昭和四十七年に製作した『ある兵士の賭け』だった。ハリウッドの監督、シナリオライター、主役を使って撮ったため、これに莫大な金がかかってしまって、国内の配給ではペイしなくなった。続いて、プロスキーヤーの三浦雄一郎がエベレストを滑降する『エベレスト大滑降』を製作するが、作品の出来はよかったものの配給をめぐるトラブルなどがあり、興行的に失敗。その直後に、裕次郎は結核になって熱海の病院に入院する。

　総額八億円の負債を背負い、裕次郎は会社を清算して閉めようとするが、コマサが懇願して撮影機材を借り受け、負債返済のため映画・テレビ製作の下請け会社IPFを設立した。ヨットのマスト新調を裕次郎が切り出したこのとき、コマサが言わんとしたのは、マストの金額がどうのということではなく、

「まだ、いま気持ちを緩めてはならない」

「いまはまだ前に向かって走り続けなければならない。あの苦しい時期を忘れちゃいけないんだ」

　と、自分に言い聞かせるためのものでもあった。

　トタン屋根の古ぼけた倉庫の二階を事務所にして、IPFの社員たちはソーメンをすすりながら不眠不休で働いた。東宝の下請け製作、そしてCM撮影……。東まき子夫人は、エンゲージリングと婚約指輪の二つだけを残して、アクセサリー類はすべて売り払った。預金通帳の残高は五万円。石原裕次郎というスーパースターは、四十歳を前にして文字どおり丸裸になったのだ。

　後日、コマサは『大都会』から常務として入社した石野に以前の話を伝えた。

「これは石野には話していないけどな」

　コマサが言葉を継ぐ。

「倒産危機のとき、社長はあのとき、ベンツを売って国産車に乗り換えようとした。みんなに苦労させておいて、ベンツにふんぞり返っているわけにはいかないってな。社長らしいだろう?」

　石野が小さくうなずく。

「だけど俺は反対した。絶対にそれはだめだと言った。カネに詰まれば誰だって経費節減で日本車に乗り換えるだろう。だが、それはそこいらのオッサン社長がすることであって、天下の石原裕次郎はやっちゃいけない。〝裕次郎、たいしたことねぇな〟と思われてしまう。スーパースターは一度地に落ちたらそれで終わる。ファンをガッカリさせちゃいけない。ファンは石原裕次郎の弱さは絶対に見たくないし、見せてはいけない。だからベンツの後部座席にふんぞり返っていてくれとお願いしたんだ」

　コマサは続ける。

「それは社長のためであると同時に会社のためでもあったんだ。裕次郎という超弩級《どきゅう》のブランドが輝いてさえいれば、石原プロは必ず立ち直る。だが、〝裕次郎、たいしたことねぇな〟となれば、石原プロは終わる。会社があってブランドがあるんじゃなくて、ブランドがあって会社があるんだ」

　コマサは、裕次郎にはそこまで言わなかったが、

「石原プロの顔であり続けてください」

　とお願いしてから、

「八億からの負債を背負っているんです。生活を切り詰め、三度のメシを二度にしても、それは〝焼け石に水〟ってもんじゃないですか。借金してでも手形を落とし、辛抱して会社を持ちこたえていれば、そのうち大きなチャンスがやってくると思います」

　そんな言い方をしたのだった。

　コマサがツテを頼りに、大阪、京都など各地を年代物のブルーバードを運転して駆け回っていた話を、石野は人づてに聞いている。二十日間で三億五千万円をつくり、それをリヤカーに積んで債権者を回り、手形をすべて落としていったのである。

　一方、国立熱海病院の病床で、社員たちと運命をともにする決意をした裕次郎は、歯を食いしばって耐える社員たちに胸を打たれたのだろう。それまで拒否してきたテレビ・コマーシャルに出演する。宝酒造との出会いだった。

『太陽と呼ばれた男』向谷匡史著
（青志社刊）より

特別特典CD
テレビ朝日開局45周年記念『西部警察』SPECIAL オリジナルサウンドトラック

西部警察 SPECIAL

1. 西部警察 PART Ⅰメインテーマ
   ～ New Ver. ～
2. 西部警察 PART Ⅱメインテーマ
   ～ New Ver. ～
3. 西部警察 PART Ⅰメインテーマ
   ～ Another Ver. ～

西部警察署・ハト軍団

大門圭介ー渡哲也
鳩村英次ー舘ひろし
橘数馬ー徳重聡
堀内昌兵ー金児憲史
三上修ー木村昇
松山高之ー池田努
坂東耕作ー田山涼成
日下直美ー戸田菜穂

（左のジャケット写真はオリジナルサウンドトラック盤）

2004年（平成16年）10月31日『西部警察 PART-Ⅲ』終了から20年の時を超えて『西部警察 SPECIAL』が2時間スペシャル版として帰って来た。

このニュースにファンが驚いたのは、殉死した大門団長の復活だった。PART-Ⅲの最終回の3時間スペシャル「大門死す！男たちよ永遠に…」において、激死したはずだったが、やはり渡哲也なくして「西部警察」は成り立たないとして新たな設定をして、大門圭介として再登場となった。新たな「西部警察」では、木暮課長役の石原裕次郎は逝去していて、ハトこと舘ひろしが大門の後を継いで西部警察署の捜査課長として、「ハト軍団」の団長に昇格して国際テロリストたちと闘っていくストーリーであった。

ちなみに国際テロリストのボス役は石原プロの神田正輝が演じ、初の悪役に挑戦して新境地を拓いた。

オリジナルサウンドトラックは、ウェブクウから発売されバージョンアップしたサウンドに仕上がり、ドラマを盛り上げた。その中から今回、石原音楽出版社のご協力をいただき、ニューバージョンの「西部警察メインテーマ曲」3作品を特別特典としてファンに届ける。

お宝ともいえる貴重なCDである。

西部警察 PERSONAL 4
寺尾聰
THE HERO OF SEIBUKEISATSU

CONTENTS

特別特典CD

西部警察
SPECIAL
オリジナル サウンドトラック3曲つき

次号予告

発売は 2022 年 11 月中旬予定です。
西部警察 ERSONAL 5 SUPER HERO

発行日 2022年7月28日 第1刷発行

編集人
発行人 阿蘇品 蔵

発行所 株式会社青志社
〒107-0052 東京都港区赤坂 5-5-9 赤坂スバルビル6F
(編集・営業) Tel：03-5574-8511
Fax：03-5574-8512
http://www.seishisha.co.jp/

印刷・製本 株式会社丸井工文社

装丁
デザイン 加藤茂樹
撮影 小島愛一郎（岩崎純×峯尾基三対談）
編集 岩佐陽一・久保木侑里
進行 三浦一郎
制作協力 ㈱石原音楽出版社
写真提供 ㈱石原音楽出版社
㈱文化工房
取材協力 内山浩一
thanks ㈱テレビ朝日
㈱ウェブクウ
※文中敬称略

ISBN 978-4-86590-138-2